ゼロからはじめる

中国語書き込みレッスンブック

これ1冊で、中国語のきほんが
すぐ身につく！

王 婷婷・著

永岡書店

はじめに

　本書は、中国語にまったくなじみのない方や、続くかどうかわからないけど、とりあえずかじってみたいという方にピッタリの「超」入門書です。

　第1章「中国語の基本」は、中国語の概要を把握できるように構成しました。

　第2章「簡体字を知ろう」では、中国語の漢字「簡体字」の簡略化のパターンを紹介しています。日本語の漢字との違いを楽しみながら、簡体字に慣れてください。

　第3章「四声の練習をしよう」では、中国語の発音で特に重要なイントネーション、「四声」の練習をしましょう。付属の音声データを聞きながら、中国語の抑揚ある発音を体感し、まねしてみてください。

　第4章「基本の文法」では、例文を交えながら基本的な文法を説明しています。例文の単語には逐語訳をつけて、文法のカギである語順がよくわかるようにしました。

　第5章「場面別フレーズ」では、すぐに使えるフレーズを場面別に紹介しています。会話シーンを想像しながら、いろんな表現を楽しく覚えて、応用してみてください。

　中国語には「敲门砖（門の扉をたたくレンガ＝成功のための手段、足がかり）」という言葉があります。読者のみなさまが本書を「敲门砖」として、中国語のおもしろさに目覚め、扉を開けてより広い中国文化の世界に飛び込むことができたなら、著者としてこれ以上の喜びはありません。

王 婷婷

もくじ

第 1 章

中国語の基本

第 2 章

簡体字を知ろう

3

第 ⑤ 章

場面別
フレーズ

本書の使い方

　本書は初めての人でも楽しく中国語を学べるように、文字や発音などの基本的なことから、旅行などで使える場面別のフレーズまでをていねいに説明しています。付属の音声データには日本語ガイドが付いているので、合わせて活用してください。

第1章　中国語の基本

中国語の標準語、文字や発音、語順などの基本的なことから、挨拶などの簡単なフレーズまでを紹介しています。

第2章　簡体字を知ろう

中国語の文字、「簡体字」について紹介します。簡体字には日本語の漢字と形がちがうものもあります。簡体字のつくられ方のルールを理解して、簡体字に慣れましょう。

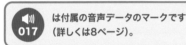

　　は付属の音声データのマークです
017 （詳しくは8ページ）。

第3章　四声の練習をしよう

発音でもっとも大事なのが四声と呼ばれるイントネーションです。第3章では四声の練習をします。ネイティブ音声をよく聞いて、くり返し練習してください。

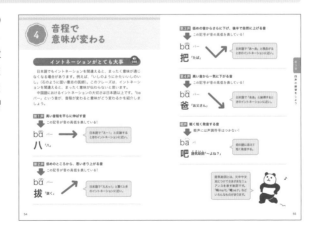

第**4**章　基本の文法

中国語の文法で肝心なのが語順です。第4章では基本的な文型と、その語順を学びましょう。

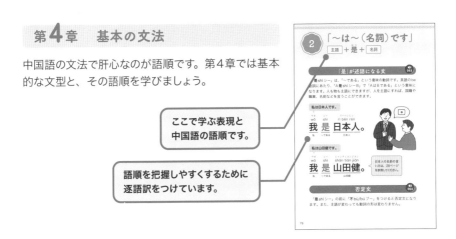

ここで学ぶ表現と
中国語の語順です。

語順を把握しやすくするために
逐語訳をつけています。

第**5**章　場面別フレーズ

これまで学んだ単語や文型を使って、会話の練習をしましょう。

旅行などの場面を想定した
会話例です。

ピックアップしたフレーズの
単語を入れかえて練習しましょう。

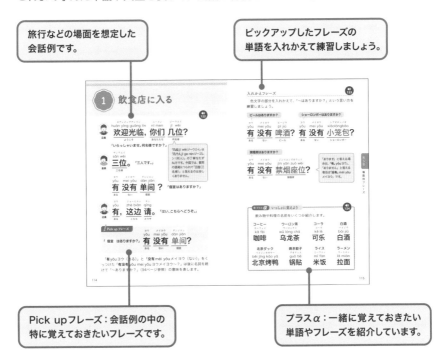

Pick upフレーズ：会話例の中の
特に覚えておきたいフレーズです。

プラスα：一緒に覚えておきたい
単語やフレーズを紹介しています。

音声について

本文中、上記の音声マークがあるところは、実際のネイティブ音声を聞くことができます。以下の手順でダウンロードしてください。

① インターネットで弊社ホームページにアクセス
   https://www.nagaokashoten.co.jp/

②『ゼロからレッスン　中国語超入門ブック』の書籍紹介ページから、「特典」ボタンをクリック。
   ダウンロードページが表示されたら、下記のパスワードを入力し、送信
   chugoku-nyumon

発音表記について

本書では、中国語の読み方にカタカナ表記で読みがなを入れています。できるだけ中国語の音に近づくよう、読みがなを入れていますが、実際の発音はカタカナでは正確に表すことができません。カタカナはあくまでも参考として、発音はネイティブ音声をよく聞いて身につけてください。

第 **1** 章

中国語の基本

まずは中国語の標準語、文字と発音や語順など
基本的なことを説明します。「はい」「いいえ」や挨拶、
お礼やおわびなど、簡単なフレーズも練習しましょう。

中国の言葉は地域によって違う 🔊 001

　中国は、日本の25倍もの面積をもつ大きな国です。言葉も地域によってだいぶ違うので、地域が違うと言葉が通じないこともあります。例えば、「**你好** nǐ hǎo ニーハオ（こんにちは）」や「**谢谢** xiè xie シエシエ（ありがとう）」も、地域によって発音や文字、ときには文法が変わります。

官話（北方方言）だと

你 好。
ニー　ハオ

広東語だと

你 好。
ネイ　ホー

上海語だと

侬 好。
ノン　ホー

谢 谢。
シエ　シエ

多 谢。
ドウ　ゼ

谢 谢。
シャ　ジャ

　そこで、中国語の標準語として官話をもとにつくられたのが「**普通话** pǔ tōng huà プートンホア」です。日本語の漢字だと「普通話」、「普く通じる言葉」という意味で、名づけられました。

　この本で勉強できる中国語は、この「**普通话** pǔ tōng huà プートンホア」です。この章では、中国語の文字や発音などについて、大まかに説明します。

中国には大きくわけて7つの方言がある

「官話」とは北方の方言のこと。
普通话 pǔ tōng huà プートンホア」は、この北方地域の方言をもとにしています。

その他の方言

北京

その他の方言

官話

上海

呉語（ごご）

贛語（かんご）

湘語（しょうご）

閩語（みんご）

客家語（はっかご）

その他の方言

広東語（かんとんご）

香港

ちなみに本土では、現代風に簡略化した漢字「簡体字（かんたいじ）」が、香港や台湾では、昔ながらの画数の多い漢字「繁体字（はんたいじ）」が使われています。

2 中国語の漢字「簡体字」

「簡体字」、「繁体字」と日本語の漢字

「簡体字」とは、従来の漢字の画数を減らし、簡略化した字体のことです。現在、中国の大陸のほかに、マレーシアとシンガポールでも「簡体字」が使われています。この簡体字は、1950〜60年代に制定されました。

「繁体字」は古くから使われてきた漢字の字体で、香港、台湾とマカオで現在も使われています。

ちなみに、現在の日本語の常用漢字である「新字体」も、画数が多く複雑な旧字体を略した漢字です。日本語の旧字体は、中国語の繁体字と微妙に違うものもありますが、よく似ています。

日本語の新字体の漢字は、繁体字に似たものもあれば、簡体字に似たものもありますが、簡体字は日本語の漢字に比べて略し方が大胆なものが多いです。簡体字の簡略化のパターンを紹介します。

➕ プラスα　簡体字がつくられたわけ

20世紀の初め、中国の識字率は10〜20％しかありませんでした。繁体字は数千字もあるうえに画数が多く複雑な形のため、庶民が読み書きを覚えるのは大変なことだったのです。それが、科学や技術の進歩をはばんでいると考える人もいました。

そして1930〜50年代ごろ、中国の文字を繁体字からローマ字に移行しようという動きが生まれました。しかし、ローマ字への移行がすぐには難しかったので、ひとまず繁体字を簡略化しようと、1956年に「漢字簡化方案」が公布されました。その後、改定がくり返され、1986年ごろから現在の簡体字にほぼ落ちつきました。今では中国の識字率は96.4％（2015年　ユネスコ統計）にまで上がり、文字のローマ字化議論も自然消滅しました。

①繁体字の一部を簡略化する

繁体字	簡体字（意味）	日本語の漢字
學	シュエ xué 学（学ぶ）	学
問	ウェン wèn 问（質問する）	問

②繁体字の一部分だけを残す

繁体字	簡体字（意味）	日本語の漢字
親	チン qīn 亲（親、親しい）	親
兒	アル ér 儿（子ども）	児

③元の形を大きく変えてしまう

繁体字	簡体字（意味）	日本語の漢字
頭	トウ tóu 头（頭）	頭
幾	ジー jǐ 几（いくつ）	幾

3 中国語の抑揚「四声」

中国語は、抑揚がはっきりしている

「四声」は、中国語の標準語のイントネーションのことで、文字通り、四つの声の調子（声調）のことです。中国語は、音程を平らに伸ばしたり、上げたり、下げたりして、発音します。

中国語には、次の4つのイントネーションがあります。

四声の図

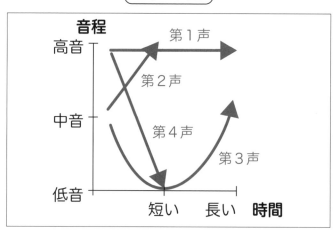

第1声 高い音程を平らに伸ばす音「ā」

第2声 低めのところから、思いきり上がる音「á」

第3声 低めの音からさらに下げ、後半で自然に上げる音「ǎ」

第4声 高い音から一気に下がる音「à」

■ 四声が変わると、意味も変わる

「chi（チー）」という音節に４つの声調をつけてみましょう。

第1声

吃 chī チー 「食べる」

同じ「chi（チー）」でも声調が変わるとまったく違う意味になってしまいます。四声は中国語が通じるポイントです！

第2声

池 chí チー 「池」

第3声

齿 chǐ チー 「歯」

第4声

赤 chì チー 「赤」

※中国語は一部の例外を除き、一つの漢字の読みは一つだけです。

 **発音表記「ピンイン」**

発音を表す「ピンイン」と「声調符号」

　中国語の発音は、「ピンイン」と呼ばれる中国語の音をローマ字で表したものと、声調符号（音の高低を表す印）の組み合わせで表します。中国語のイントネーション「四声」を表す声調符号は、母音の上につけます。

> **声調符号の形…** 声調符号は、音の高低を表す形をしています。

第1声	第2声	第3声	第4声

高めに伸ばす	低い音から高い音へ	下がって上がる	高い音から低い音へ

この記号が音の高低を表している！

005

第1声 mā マー 妈「お母さん」

日本語で「えー！」と反論するときのイントネーションに近い。

第2声 má マー 麻「麻」

日本語で「ええっ！」と驚くときのイントネーションに近い。

第3声 mǎ マー 马「馬」

日本語で「あ〜あ」と残念がるときのイントネーションに近い。

第4声 mà マー 骂「しかる」

日本語で「ああ」と納得するときのイントネーションに近い。

　四声のほかに、「軽声」というイントネーションもあります。軽声は、前の語に添えて短く発音します。なお、軽声には声調符号はつきません。

〔例〕「吗 ma マ」は、文末につけて「〜か？」という疑問を表します。

hǎo ma? ハオマ **好吗?**「いいですか？」

17

5 中国語の語順

基本的な語順は「主語＋述語＋目的語」 006

　中国語には、日本語の「てにをは」のような助詞がありません。そのため単語の文中における役割は、語順で決まります。基本的な語順は英語と同じで、「主語＋述語＋目的語」です。主語と目的語の順番が入れ替わると、文中の役割も変わり、文の意味も変わります。

私はあなたを愛しています。

ウオ	アイ	ニー
wǒ	ài	nǐ
我	爱	你。
私	愛する	あなた

ニー	アイ	ウオ
nǐ	ài	wǒ
你	爱	我。
あなた	愛する	私

あなたは私を愛しています。

ちなみに、現代中国語には、尊敬語や謙譲語、丁寧語のような言い回しがほとんどありません。丁寧に言いたいときは、口調と態度で表します。

動詞には活用がない

中国語の動詞には、日本語のような語尾の活用がありません。否定、可能、受け身や仮定などを表すときには、動詞は原型のままで、それぞれの働きをする助動詞などをつけるだけなので、とてもシンプルです。

食べない
ブー　チー
bù chī
不 吃
ない　食べる

食べれば
ルーグオ　チー
rú guǒ chī
如果 吃
もし〜ならば　食べる

食べられる
ノン　チー
néng chī
能 吃
〜できる　食べる

食べられる
ベイ　チー
bèi chī
被 吃
〜される　食べる

中国語の動詞は、過去か未来かで形が変わることもなく、時間を表す言葉をおぎなうことで時制を表します。

昨日食べました。
ズオティエン　チー　ラ
zuó tiān chī le
昨天 吃 了。
昨日　食べる　した

今日は食べません。
ジンティエン　ブー　チー
jīn tiān bù chī
今天 不 吃。
今日　〜ない　食べる

明日食べます。
ミンティエン　チー
míng tiān chī
明天 吃。
明日　食べる

19

6 基本的なフレーズ

肯定と否定の返事「はい」と「いいえ」

　まずは、基本的な肯定と否定の返事を覚えましょう。否定を表す副詞「**不** bù／bú ブー」か「**没** méi メイ」を前につけると、そのまま否定の表現になります。

はい（そうです）。

シー
shì

是。
～である

いいえ（そうではありません）。

ブー　　シー
bú　　shì

不 是。
～ない　～である

はい（当たっています）。

ドゥイ
duì

对。
正しい

いいえ（当たっていません）。

ブー　　ドゥイ
bú　　duì

不 对。
～ない　正しい

「**不** bù／bú ブー」の声調は第４声ですが、後に続く語の声調で第２声に変化することがあります。

「**是** shì シー」は「はい、そうです」、「**对** duì ドゥイ」は「はい、当たっています、その通りです」という意味です。

> わかります。

ミンバイ
míng bai

明白。
わかる

> わかりません。

ブー　　ミンバイ
bù　　míng bai

不 明白。
〜ない　　わかる

> 知っています。

ジーダオ
zhī dào

知道。
知っている

> 知りません。

ブー　　ジーダオ
bù　　zhī dào

不 知道。
〜ない　　知っている

> いいですよ。

シン
xíng

行。
よろしい

> だめです。

ブー　　シン
bù　　xíng

不 行。
〜ない　　よろしい

> あります。

ヨウ
yǒu

有。
ある

> ありません。

メイ　　ヨウ
méi　　yǒu

没 有。
〜ない　　ある

そのまま覚えれば、すぐに使える挨拶を紹介します。

こんにちは。

ニー ハオ
nǐ hǎo
你 好。
あなた よい

みなさん、こんにちは。

ダージア ハオ
dà jiā hǎo
大家 好。
みなさん よい

「你好 nǐ hǎo ニーハオ」は、もっともポピュラーな挨拶。昼間にかぎらず、どんな時間帯でも使えます。初対面の人への挨拶としても使えます。

お元気ですか？

ニー ハオ マ
nǐ hǎo ma？
你 好 吗？
あなた よい か

元気です。

ヘン ハオ
hěn hǎo
很 好。
とても よい

おはようございます。

ザオシャン ハオ
zǎo shang hǎo
早上 好。
朝 よい

こんばんは。

ワンシャン ハオ
wǎn shang hǎo
晚上 好。
夜 よい

おやすみなさい。

ワン　アン
wǎn　ān

晩 安。

夜　安らか

おつかれさまです。

🔊 011

シンクー　ラ
xīn kǔ　le

辛苦 了。

苦労する　〜した

日本人は帰宅時に「ただいま」や「おかえり」、食事のときに「いただきます」、「ごちそうさま」と挨拶しますが、中国にはそのような習慣はありません。

「辛苦了xīn kǔ leシンクーラ」は、本当に相手をいたわるときに使います。日本語だと廊下で職場の人とすれちがったとき、「おつかれさまです」と挨拶しますね。でも「辛苦了xīn kǔ leシンクーラ」は、そういう使い方はしません。

さようなら。

ザイ　ジエン
zài　jiàn

再 见。

再び　会う

お大事に。

バオ　ジョン
bǎo　zhòng

保 重。

保つ　大事

また明日。

ミンティエン　ジエン
míng tiān　jiàn

明天 见。

明日　会う

また後で。

イーホアル　ジエン
yí huì' r　jiàn

一会儿 见。

少しの間　会う

中国語のお礼とおわびの表現を覚えましょう。

ありがとう。 ➡ **どういたしまして。**

シエ シエ
xiè xie

谢 谢。

感謝する　感謝する

ブー コーチ
bú kè qi

不 客气。

〜ない　遠慮する

⬇

どういたしまして。

ブーヨン シエ
bú yòng xiè

不用 谢。

しなくてもよい　感謝する

「**不客气** bú kè qi ブーコーチ」は直訳すると「遠慮しないで」。相手から感謝されたときに使います。「**不用谢** bú yòng xiè ブーヨンシエ」も同様に、相手から感謝されたときに使います。

ごめんなさい。 ➡ **気にしないで（かまいません）。**

ドゥイブチー
duì bu qǐ

对不起。

すまない

メイ グアンシ
méi guān xi

没 关系。

ない　関係

　もう少し丁寧にお礼を述べたいときには、「**感谢** gǎn xiè ガンシエ」を使います。また、具体的にお礼を言いたいときには、「**谢谢** xiè xie シエシエ / **感谢** gǎn xiè ガンシエ」の後に具体的な内容をそのままつけます。

本当に感謝します。

フェイチャン
fēi cháng
非常
非常に

ガンシエ
gǎn xiè
感谢。
感謝する

お招きいただきありがとうございます。

ガンシエ
gǎn xiè
感谢
感謝する

ヤオチン
yāo qǐng
邀请。
招待する

お気遣いありがとうございます。

シエ
xiè
谢
感謝する

シエ
xie
谢
感謝する

ニーダ
nǐ de
你的
あなたの

グアンシン
guān xīn
关心。
心配り

申し訳ありません。

フェイチャン
fēi cháng
非常
非常に

バオチエン
bào qiàn
抱歉。
すまない

25

014

　日本語の「はじめまして」は、中国語に強いて訳せば、「**初次见面** chū cì jiàn miàn チュツージエンミエン」になりますが、本来、中国にはこのように言う習慣がありません。日本人とのビジネスの場面では、日本の習慣に合わせてこのように言う人もいますが、初対面の挨拶は「**你好** nǐ hǎo ニーハオ」で十分です。

はじめまして。

ニー	ハオ
nǐ	hǎo
你	好。
あなた	よい

山本雄一と申します。

ウオ	ジアオ	シャンベン	シオンイー
wǒ	jiào	shān běn	xióng yī
我	叫	山本	雄一。
私	と呼ばれる	山本	雄一

会社員です。

ウオ	シー	ゴンスージーユエン
wǒ	shì	gōng sī zhí yuán
我	是	公司职员。
私	〜です	会社員

私は東京に住んでいます。

ウオ	ジューザイ	ドンジン
wǒ	zhù zài	dōng jīng
我	住在	东京。
私	〜に住む	東京

中国語は、基本的には主語を省略しません。

ビジネスシーンに使える表現 015

　ビジネスの場面でも使えるフレーズをいくつか紹介します。ちょっとしたことでも中国語で話せれば、相手との距離はぐっと縮まるはずです。

これは私の名刺です。

ジョー	シー	ウオダ	ミンピエン
zhè	shì	wǒ de	míng piàn
这	是	我的	名片。
これ	〜です	私の	名刺

お会いできて、うれしいです。

ヘン	ガオシン	レンシー	ニン
hěn	gāo xìng	rèn shi	nín
很	高兴	认识	您。
とても	うれしい	知り合う	あなた（敬称）

「您nínニン」は、「あなた」の敬称です。

よろしくお願いいたします。

チン	ドゥオ	グアンジャオ
qǐng	duō	guān zhào
请	多	关照。
どうぞ	たくさん	世話する

27

016

日本人の名前の言い方

　対面で自己紹介するときは、苗字を言ってからフルネームを言うのが一般的です。名前は漢字を中国語読みします。姓を言うときは「**我姓** wǒ xìng ウオシン〜」、フルネームを言うときは「**我叫** wǒ jiào ウオジアオ〜」の後にそれぞれ名前を続けます。

村上と言います。フルネームは村上夏海です。

ウオ wǒ	シン xìng	ツゥンシャン cūn shàng	ジアオ jiào	ツゥンシャン cūn shàng	シアハイ xià hǎi
我	姓	村上，	叫	村上	夏海。
私	姓は〜である	村上	〜という	村上	夏海

　名前の一部がひらがなやカタカナの場合、自分で好きな漢字を選びます。例えば「なつみ」の漢字は「夏美、夏実、七海、菜摘」といろいろありますが、中国語読みの響きも考慮して選ぶとよいでしょう。また「畑」や「榊」のような日本語にしかない漢字は、その漢字の一部（「畑」は「**田** tián ティエン」、「榊」は「**神** shén シェン」）で発音して対応することが多いです。

　ビジネスシーン（特に欧米人も交える場面）では、自分の名前をローマ字読みするのも一つの方法です。

私は畑山まゆみと言います。

ウオ wǒ	ジアオ jiào	ハタケヤマ	マユミ
我	叫	Hatakeyama	Mayumi。
私	〜という	畑山	まゆみ

第 **2** 章

簡体字を知ろう

中国語の文字・簡体字には、日本語の漢字と形が違うものもあります。
簡体字の簡略化のルールと簡体字の例を、
もととなる繁体字、日本語の漢字とあわせて紹介します。

部首を簡略化した字

へんやつくりの画数を減らした字

「簡体字」は速く書けるように、「繁体字」より画数を減らすようにつくられました。ここでは、へんやつくりなどの部首を簡略化して画数を減らし、簡単にした字を紹介しましょう。

 言べん 017 言 ⟶ 讠

繁体字や日本の漢字だと7画ですが、簡体字だと2画です。

繁体字	簡体字（意味）	日本語の漢字
話	话 （話、言葉） ホア huà	話
計	计 （計算する） ジー jì	計
請	请 （頼む） チン qǐng	請

30

糸へん	018 糸 → 纟	下部が横棒一本に省略されます。

繁体字	簡体字（意味）	日本語の漢字
紅	ホン hóng 红 （赤い）	紅
約	ユエ yuē 约 （約束）	約

おおがい	019 頁 → 页	「頁（おおがい）」はこのように省略されます。

繁体字	簡体字（意味）	日本語の漢字
煩	ファン fán 烦 （煩わしい）	煩
題	ティ tí 题 （問題、題目）	題

門がまえ	020 門 → 门	左上の点から書きはじめます。

繁体字	簡体字（意味）	日本語の漢字
問	ウェン wèn 问 （質問する）	問

繁体字の一部を残した字

へんやつくりだけで一つの文字になる

繁体字のへんやつくりに当たるものだけを残して、ほかの部分を大胆に取った簡体字を紹介しましょう。

 下を残す

021

上の部分を取って、下の部分だけにした字です。

繁体字	簡体字（意味）	日本語の漢字
兒	アル ér 儿（子ども）	児
雲	ユィン yún 云（雲）	雲
昇	ション shēng 升（昇る）	昇
電	ディエン diàn 电（電気）	電

雲 → 云

「升 shēng ション」の字には、もともとの「リットル」という意味もあります。どちらの意味かは、文脈で判断します。

■ 枠を残す

枠の部分だけを残し、中の部分を取った字です。

繁体字	簡体字（意味）	日本語の漢字
氣	チー qì 气（気）	気
飛	フェイ fēi 飞（飛ぶ）	飛
廣	グアン guǎng 广（広い）	広

■ 左（へん）、あるいは右（つくり）を残す

漢字を左（へん）と右（つくり）に分け、半分だけを残した字です。

繁体字	簡体字（意味）	日本語の漢字
親	チン qīn 亲（親、親しい）	親
麺	ミエン miàn 面（麺）	麺

> 「面 miàn ミエン」の字には、もともとの「顔、物体などの面」という意味もあります。どちらの意味かは、文脈で判断します。

33

元の繁体字と比較的似ている字

　省略した部分の割合が小さく、輪郭が残されて、なんとなく元の繁体字を想像できます。

繁体字	簡体字（意味）	日本語の漢字
築	筑 ジュウ zhù（建築する）	築
霧	雾 ウー wù（霧）	霧
尋	寻 シュン xún（探す）	尋

横並びのパーツのうち、一部を残した字

　言われてみないと、元の繁体字を想像するのが難しいかもしれません。

繁体字	簡体字（意味）	日本語の漢字
術	术 シュー shù（術）	術
鄉	乡 シアン xiāng（さと）	郷

縦並びのパーツのうち、一部を残した字

こちらもまた、言われてみないと、元の繁体字を想像するのが難しいかもしれません。

繁体字	簡体字（意味）	日本語の漢字
寧	ニン níng 宁（安らか）	寧
裏	リー lǐ 里（〜の中、奥）	裏

> 「里lǐリー」の字には、もともとの「故郷」という意味もあります。どちらの意味かは、文脈で判断します。

繁体字の一部を残し、ほかの部分を大胆に省略した字

元の繁体字から一部分だけを抜き出した字です。

繁体字	簡体字（意味）	日本語の漢字
豐	フォン fēng 丰（豊か）	豊
習	シー xí 习（習う）	習
聲	ション shēng 声（声、音）	声

35

3 一部分を置き換える字

繁体字の一部分を簡単にした字

全体の形を変えずに、繁体字の一部分を簡単にしてできた漢字を紹介しましょう。

同音語に置き換える

繁体字の一部を、元の繁体字と同じ発音（もしくは近い発音）で、画数の少ない漢字に置き換えた字です。

繁体字	同じ（または近い）発音の字	簡体字（意味）	日本語の漢字
歴	リー lì 力	リー lì 历（経験する）	歴
遠	ユエン yuán 元	ユエン yuǎn 远（遠い）	遠
樣	ヤン yáng 羊	ヤン yàng 样（様子、サンプル）	様
優	ヨウ yóu 尤	ヨウ yōu 优（優れる）	優

■ 記号のようなものに置き換える

繁体字の一部を、画数を極端に減らし、記号のようなものに置き換えた字です。

繁体字	簡体字(意味)	日本語の漢字
勸	チュアン quàn 劝(説得する)	勧
區	チュイ qū 区(区)	区
樹	シュー shù 树(木)	樹
倉	ツァン cāng 仓(倉庫)	倉
儀	イー yí 仪(礼儀)	儀

「力」に置き換え

「又」に置き換え

37

くずし字のような字

草書体の楷書化 030

　「草書体（くずし字）」は、漢字の形をくずして、速く書くことができる書体です。この画数が少ない草書体をきちんと方形に書いて（楷書化して）、つくられた簡体字もあります。

繁体字	簡体字（意味）	日本語の漢字
為	ウェイ wèi 为（〜のため）	為
車	チョー chē 车（車）	車
見	ジエン jiàn 见（見る）	見
書	シュー shū 书（本）	書
當	ダン dāng 当（務める）	当

「車」の字の草書体

繁体字	簡体字（意味）	日本語の漢字
馬	マー mǎ 马（うま）	馬
專	ジョアン zhuān 专（もっぱら）	專
樂	ラー lè 乐（楽しい）	楽
長	チャン cháng 长（長い）	長
學	シュエ xué 学（学ぶ）	学
東	ドン dōng 东（東）	東
節	ジエ jié 节（祝日）	節

031

「馬」の字の草書体

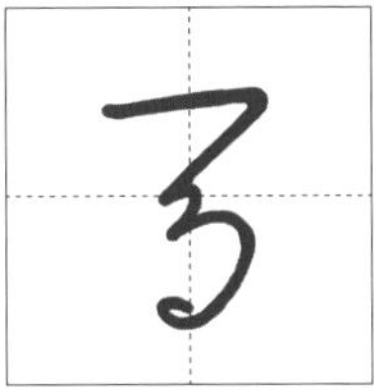

「長」の字の草書体

「東」の字の草書体

5 意味からイメージした字

意味からつくった字 032

　漢字のパーツの意味を組み合わせてつくられた字を、会意文字と言います。会意文字は日本語の漢字にもありますが、繁体字から簡略化されて、新しくつくられた簡体字の会意文字を紹介しましょう。

〈例〉日本でつくられた会意文字
　　　山＋上＋下＝峠　　　人＋動＝働

シ＋目＝泪

繁体字	簡体字（意味）	日本語の漢字
淚	<ruby>泪<rt>レイ</rt></ruby> lèi（涙）	涙

水＋目（「目から出る水」は「涙」）

體	<ruby>体<rt>ティ</rt></ruby> tǐ（身体）	体

人＋本（「体」は「人間のもと」）

筆	<ruby>笔<rt>ビー</rt></ruby> bǐ（筆）	筆

竹＋毛（「竹」に「毛」をつけて「筆」）

繁体字	簡体字（意味）	日本語の漢字
塵	チェン chén 尘 （ごみ、ほこり）	塵

小＋土（小さな土は「塵」）

繁体字	簡体字（意味）	日本語の漢字
衆	ジョン zhòng 众 （大勢の人）	衆

人＋人＋人（「大勢の人」を表す「衆」）

◆プラスα　意味の取り違えかも？「重」と「出」

「重」は中国語の中の数少ない「多音字」（二つ以上の発音を持つ漢字）の一つ。「zhòng ジョン」（重い）と「chóng チョン」（重なる）の二通りの発音と意味を持っています。

「出」は「chū チュー」と発音し、日本語と同じ「出る」という意味です。よく見かけるこの二つの漢字ですが、実は意味が取り違えられているのではないか、という説があります。

「出」という漢字は、上下二つの「山」に分解でき、二つの山が「重なり、重い」という意味に解釈できます。一方、「重」という漢字は、「千」と「里」に分けることができます。「千里」はおよそ3930kmで、転じて「遠いところ」を意味します。つまり「（遠いところに）出かける」ということです。

二つの漢字の意味が取り違えられたのだとしたら、いつ、どのように取り違えられたのか、興味深いですね！

6 日本語と微妙に違う字など

微妙な違いがある字

一見同じように見えても、実は微妙な違いがある字もあります。

簡体字（意味）	日本語の漢字	日本語との違い
ティエン tiān **天**（空）	**天**	上の横棒が下の横棒より短くなっています。
ヤー yā **压**（圧）	**圧**	「土」の中に点があります。
ダン dān **单**（単）	**単**	上部の点は二つです。
グー gǔ **骨**（骨）	**骨**	上部の「口」の位置が違います。
ラオ láo **劳**（労）	**労**	上の部分は草かんむりです。

形がまったく違う字

　画数が大幅に簡略化され、見た目だけでは元の漢字をまったく想像できない字もあります。

簡体字（意味）	日本語の漢字
ゴー gè **个**（個）	**個**
ウエイ wèi **卫**（守る）	**衛**
トゥ tóu **头**（頭）	**頭**
イー yì **义**（義）	**義**
ジー jǐ **几**（いくつ）	**幾**
ウー wú **无**（無い）	**無**

「她 tā ター（彼女）」
「哪 nǎ ナー（どの）」
など、日本語にはない字もあります。

036

中国語の外来語表記

　外来語は一部の例外を除き、漢字で表記します。漢字表記の
パターンは大きく4つに分けられます。①発音が近い漢字をあ
てる音訳、②意味を漢字で表す意訳、③音訳と意訳のミックス、
④発音と意味の両方を兼ね備えた訳、4つのパターンを紹介し
ます。

①音訳（発音が近い）

ピザ
ピーサー
pī sà
披萨

リンカーン
リンケン
lín kěn
林肯

（あて字なので意味は関係ない）

②意訳（発音は違う）

ワクチン
イー　ミアオ
yì miáo
疫苗
疫病　苗

コンピューター
ディエン　ナオ
diàn nǎo
电脑
電子　頭脳

③音訳と意訳のミックス（部分的に発音が近い）

インターネット
イントー　ワン
yīn tè wǎng
因特网
インター（音）　網（意味）

うどん
ウードン　ミエン
wū dōng miàn
乌冬面
うどん（音）　麺（意味）

④発音と意味の両方を兼ね備えたパターン

トークショー
トゥオコウ　シウ
tuō kǒu xiù
脱口秀
口をついて出る　秀でる

ハッカー
ヘイ　コー
hēi kè
黑客
黒い　客

第3章

四声の練習をしよう

中国語の発音でもっとも大事なのが、
四声と呼ばれるイントネーションです。この章では、
中国語の母音と子音、そして四声の発音練習をしましょう。

1 中国語の母音

母音には単母音、複合母音、鼻母音がある

中国語の母音は全部で36個あり、それらは3種類に分けられます。

 単母音

基本の母音は7つあります。単独で一つの音節をなすので、「単母音」と言います。

a ア　口を大きく開いて「ア」と発音

----

o オ　日本語のオよりも口を丸く突き出して発音

----

e オ　「o」を発音する口をやや左右に広げ、のどの奥から発音

----

i イ　日本語のイよりも、強くはっきりと発音

----

u ウ　日本語のウよりも口を丸く突き出し、はっきりと強めに発音

ü　ユィ　日本語のユからなめらかにィにすべるように発音

er　アル　単母音の「e」を発音すると同時に、舌をそり上げる

■ 複合母音

2つ以上の単母音からなる「複合母音」は13個あります。

●前の単母音をはっきりと、後ろの単母音は軽く添えるように発音

ai　アイ　ei　エイ　ao　アオ　ou　オウ

●前の単母音と後ろの単母音をなめらかにつなぎ、後ろの単母音は強めに発音

ia　ヤ　ie　イエ　ua　ワ　uo　ウオ　üe　ユエ

●1つめと2つめの単母音をなめらかにつなぎ、2つめの単母音は強めに、最後の単母音は軽く添えるように発音

iao　ヤオ　i(o)u　ヨウ　uai　ワイ　u(e)i　ウェイ

単母音や複合母音の後に「n」または「ng」がつく「鼻母音」は16個あります。

　日本人には「n」も「ng」も「ン」に聞こえますが、発音は微妙に違います。「n」は舌先を下の歯の裏につけて発音、「ng」は舌先をどこにもつけずに発音します。日本語で言うと、「an」は「安心」の「アン」に近い発音、「ang」は「案外」の「アン」に近い発音です。

an アン　en エン　in イン　u(e)n ウェン　ün ユィン

ang アン　eng オン　ing イン　ong オン

ian イエン　iang ヤン　iong ヨン　uan ワン

uang ワン　ueng ウォン　üan ユエン

発音はあまり難しく考えずに、発音記号を見ながら聞いて、まねして慣れるのが近道です。

「i」「u」「ü」で始まる鼻母音は、子音の後に続かずに母音だけで発音する場合、次のようにピンインの綴りが変わります。

イン	イン	イエン	ヤン	ヨン
in	ing	ian	iang	iong
↓	↓	↓	↓	↓
yin	ying	yan	yang	yong

ウェン	ワン	ワン	ウォン
u(e)n	uan	uang	ueng
↓	↓	↓	↓
wen	wan	wang	weng

母音の「ü」が「j」「q」「x」「y」の後に続くとき、「¨」を取って「u」にするルールがあります。

ジュン	チュイ	シュエ	ユィン	ユエン
jün	qü	xüe	ün	üan
↓	↓	↓	↓	↓
jun	qu	xue	yun	yuan

第3章 四声の練習をしよう

発音記号については、「こういうルールがある」と知っておくだけでOKです!

「j」「q」「x」「y」の後に続く「u」は「ü（ユィ）」と発音しましょう。

2 中国語の子音

子音には6種類の音がある

中国語の子音は、発音するときの唇や舌、歯の使い方によって、6つに分けられます。

唇音（しんおん）

041

唇を使って発音する子音です。いったん閉じた唇を開きながら発音します。

b(o) ボ　p(o) ポ　m(o) モ　f(o) フォ

舌尖音（ぜっせんおん）

042

舌の先を使って発音する子音です。いったん上の歯の裏につけた舌先を放しながら発音します。

d(e) ダ　t(e) ト　n(e) ナ　l(e) ラ

舌根音（ぜっこんおん）

043

舌の根元から発音する子音です。のどの奥から摩擦音を出します。

g(e) ゴ　k(e) コ　h(e) ホ

舌面音（ぜつめんおん） 044

　舌の面を使って発音する子音です。舌先を下の歯に軽くつけ、舌の面と上あごの隙間に息を通します。

j(i) ジ　q(i) チ　x(i) シ

そり舌音（そりじたおん） 045

　舌をそり上げて発音する子音です。上の歯ぐきのやや手前に、舌先をつっかい棒をするようにあてて発音します。

zh(i) ジ　ch(i) チ　sh(i) シ　r(i) リ

舌歯音（ぜっしおん） 046

　舌と歯を使って発音する子音です。舌先を下の歯の裏につけて、舌先と歯の間に息を通しながら発音します。

z(i) ズ　c(i) ッ　s(i) ス

> 「j」と「zh」のカタカナは同じ「ジ」ですが、実際の発音は違います。カタカナはあくまでも発音を思い出すヒントです。音声をよく聞いて、まねすることが大切です。

3 四声とは

音程が違う４つのイントネーション

　中国語のイントネーションは、音程の高さで４つに分けられます。この４つのイントネーションは「四声（しせい）」と呼ばれており、同じ音でも、四声が違うと意味が変わってしまいます。

　例えば日本語でも、「雨」と「飴」、「橋」と「箸」、「柿」と「牡蠣」など、イントネーションが違うと意味が正しく伝わりません。

　通じる中国語のポイントは、正しい四声で発音できるかにかかっていると言っても過言ではないのです。

> **声調符号の形…** 四声のイントネーションを示す声調符号は、音の高低を表す形をしています。

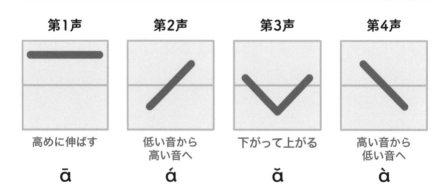

第1声	第2声	第3声	第4声
高めに伸ばす	低い音から高い音へ	下がって上がる	高い音から低い音へ
ā	á	ǎ	à

　四声のほかに、前の語に添えて短く発音する「軽声（けいせい）」というイントネーションもあります。軽声には声調符号はつきません。

　四声と軽声については、第１章の16〜17ページも参照してください。

第1声

他 tā ター 「彼」　　　她 tā ター 「彼女」

「他 tā ター（彼）」と「她 tā ター（彼女）」は同じ発音です。

第2声

您 nín ニン 「あなた(敬称)」

第3声

我 wǒ ウオ 「私」　　你 nǐ ニー 「あなた」

第4声

这 zhè ジョー 「これ」　那 nà ナー 「あれ、それ」

軽声

我 们 wǒ men ウオ メン 「私たち」

私　たち

「们 men メン（たち）」は軽声です。

53

4 音程で意味が変わる

イントネーションがとても大事 048

　日本語でもイントネーションを間違えると、まったく意味が通じなくなる場合があります。例えば、「いしのようにかたいいしのいし」（石のように固い意志の医師）。このフレーズは、イントネーションを間違えると、まったく意味が伝わらないと思います。

　中国語におけるイントネーションの大切さは日本語以上です。「baバー」という音が、音程が変わると意味がどう変わるかを紹介しましょう。

第1声 **高い音程を平らに伸ばす音**

　⬇ この記号が音の高低を表している！

 バー ➡

> 日本語で「えー！」と反論するときのイントネーションに近い。

八 「八」

第2声 **低めのところから、思いきり上がる音**

　⬇ この記号が音の高低を表している！

 バー

> 日本語で「ええっ！」と驚くときのイントネーションに近い。

抜 「抜く」

第3声 低めの音からさらに下げ、後半で自然に上げる音

 この記号が音の高低を表している！

bǎ バー

把 「たば」

> 日本語で「あ〜あ」と残念がる
> ときのイントネーションに近い。

 第4声 高い音から一気に下がる音

 この記号が音の高低を表している！

bà バー

爸 「お父さん」

> 日本語で「ああ」と納得すると
> きのイントネーションに近い。

 軽声 軽く短く発音する音

 軽声には声調符号はつかない！

ba バ

吧 語気助詞「〜よね？」

> 前の語に添えて
> 短く発音する。

> 語気助詞とは、文中や文
> 末につけてさまざまなニュ
> アンスを表す助詞です。
> 「吗 ma マ」「呢 ne ナ」など
> いろんなものがあります。

5 第1声を練習しよう

第1声は「高く平らに」

第1声のイントネーションは、高い音程を平らに伸ばす音です。
日本語で「えー！」と反論するときのイントネーションに近いです。

> 声調符号の形… 声調符号は、音の高低を表す形をしています。

発音記号の声調符号もこの形！

第1声	第2声	第3声	第4声
高めに伸ばす	低い音から 高い音へ	下がって上がる	高い音から 低い音へ

第1声は「えー！」の
イントネーション！

■ 第1声のイントネーションの単語

音声をよく聞いて、音程をまねして発音の練習をしましょう。

一 yī イー 「一」

三 sān サン 「三」

吃 chī チー 「食べる」

> 「吃 chī チー」は、日本語の漢字だと「喫」。

开 kāi カイ 「開ける、つける」

> 「开 kāi カイ」は、日本語の漢字だと「開」。「开门 kāi mén カイメン」は「ドアを開ける」、「开灯 kāi dēng カイドン」は「電気をつける」という意味です。

关 guān グアン 「閉める、消す」

山 shān シャン 「山」

> 「关 guān グアン」は、日本語の漢字だと「関」。「开关 kāi guān カイグアン」は「スイッチ」という意味で、「开 kāi カイ」(つける) +「关 guān グアン」(消す) でできた単語です。

天 tiān ティエン 「天、空」

6 第2声を練習しよう

第2声は「上がり調子」

　第2声のイントネーションは、最初は低めのところから、思いきり上がります。日本語で「ええっ！」と驚くときのイントネーションに近いです。

> 声調符号の形… 声調符号は、音の高低を表す形をしています。

発音記号の声調符号もこの形！

この音！

第1声	第2声	第3声	第4声

高めに伸ばす	低い音から高い音へ	下がって上がる	高い音から低い音へ

第2声は「ええっ！」のイントネーション！

音声をよく聞いて、音程をまねして発音の練習をしましょう。

十 shí シー 「十」

长 cháng チャン 「長い」

> 日本語の漢字だと「長」。もう一つの読み方「zhǎngジャン」だと「成長する」という意味になります。

来 lái ライ 「来る」

行 xíng シン 「いいですよ」

> 「行xíngシン」は、承諾したり、許可したりするときに使う「いいですよ」という意味の表現です。

忙 máng マン 「忙しい」

难 nán ナン 「難しい」

> 日本語の漢字だと「難」。もう一つの読み方「nànナン」だと「災難」という意味になります。

谁 shuí シュイ 「だれ」

7 第3声を練習しよう

第3声は「下がって上がる」

　第3声のイントネーションは、低めの音からさらに下げ、後半で自然に上げる音です。上げた後の音程も低く、四声の中で、一番音程が低い声調です。日本語でがっかりしたときに言う、「あ〜あ」のイントネーションに近いです。

声調符号の形… 声調符号は、音の高低を表す形をしています。

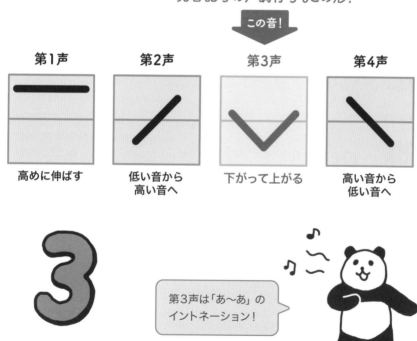

発音記号の声調符号もこの形！

この音！

第1声	第2声	第3声	第4声
高めに伸ばす	低い音から高い音へ	下がって上がる	高い音から低い音へ

第3声は「あ〜あ」の
イントネーション！

■ 第3声のイントネーションの単語

音声をよく聞いて、音程をまねして発音の練習をしましょう。

我 wǒ ウオ 「私」

你 nǐ ニー 「あなた」

买 mǎi マイ 「買う」

> 「买mǎiマイ」は、日本語の漢字だと「買」。「売る」という意味の「卖màiマイ」は簡体字もピンインもよく似ています。

写 xiě シエ 「書く」

好 hǎo ハオ 「よい」

> 「请qǐngチン」は、日本語の漢字だと「申請する」の「請」。動詞の前につけると「～してください」という意味になります。

请 qǐng チン 「頼む、お願いする」

> 「远yuǎnユエン」は、日本語の漢字だと「遠」。空間的なへだたり、時間的なへだたりが大きいことを表します。

远 yuǎn ユエン 「遠い」

※「y」の後に「ü」が続く場合、ピンインは「u」と表示します。

8 第4声を練習しよう

第4声は「下がり調子」

第4声のイントネーションは、高い音から一気に下がります。日本語で「ああ」と納得するときのイントネーションに近いです。

> 声調符号の形… 声調符号は、音の高低を表す形をしています。

発音記号の声調符号もこの形！

この音！

第1声	第2声	第3声	第4声

高めに伸ばす	低い音から高い音へ	下がって上がる	高い音から低い音へ

第4声は「ああ」のイントネーション！

音声をよく聞いて、音程をまねして発音の練習をしましょう。

四　sì　スー　「四」

六　liù　リウ　「六」

上　shàng　シャン　「上」

下　xià　シア　「下」

木　mù　ムー　「木材」

> 「立ち木、樹木」という意味の中国語は「樹 shù シュー」。「樹 shù シュー」は、日本語の漢字だと「樹」です。

再　zài　ザイ　「また」

见　jiàn　ジエン　「見る、会う」

> 「さようなら」という意味の「再见 zài jiàn ザイジエン」は、直訳すると「また会いましょう」です。

第3章 四声の練習をしよう

9 軽声を練習しよう

軽声は軽く短く

　軽声は、本来の音の声調が失われ、軽く短く発音するイントネーションです。前の音に軽く添える感じで発音しますが、音程は前の音によって変わります。

　発音記号では、軽声には声調符号はつけません。

053

■ 軽声のイントネーションの単語

　音声をよく聞いて、音程をまねして発音の練習をしましょう。

〔同じ字をくり返すときの２つめの字〕

　同じ漢字をくり返すときの２つめの字は、軽声で発音します。

妈 妈　mā ma　マーマ　「お母さん」
お母さん　お母さん

爸 爸　bà ba　バーバ　「お父さん」
お父さん　お父さん

看 看　kàn kan　カン カン　「ちょっと見る」
見る　　見る

> 中国語では、一部の一文字の動詞を２回くり返して言うと、「ちょっと〜してみる」という意味になります。

试 试 shì shi シーシ 「ちょっとやってみる」

試す　試す

〔助詞〕

　ニュアンスを表す語気助詞やアスペクトを表す助詞は、軽声で発音します。アスペクトとは、進行（持続）、完了、経験、未来などの動作の状態を表すものです。

走 吧。zǒu ba ゾウ バ 「行きましょう」

行く　しょう

「**吧** ba バ」は「〜よね?」「〜しよう」など、さまざまなニュアンスを表す語気助詞です。

看 着。kàn zhe カンジョ 「見ている」

見る　〜ている

「**着** zhe ジョ」はアスペクトを表す助詞です。

〔接尾語〕

　実質的な意味がなく、ほかの言葉の後にくっつく接尾語は軽声で発音します。

孩 子 hái zi ハイズ 「子ども」

子ども　接尾語

天 儿 tiānr ティエル 「天気」

空　接尾語

「**儿** er アル」は接尾語でほかの言葉の後に続く場合、ピンイン表示は「er」から「r」に省略されます。

 **第1声との組み合わせ**

10

高い音程から始まる

 054

　ここからは、声調を組み合わせたときの発音を見てみます。まず音程が高い第1声から始まる声調の組み合わせを練習しましょう。スタートの音程が高いので、低い第3声との組み合わせが発音しにくいかもしれません。第3声を意識的に低く抑え込みましょう。

> 高い音程をキープ！

第1声 + 第1声

春 天　chūn tiān　チュン ティエン　「春」
春　季節

飞 机　fēi jī　フェイジー　「飛行機」
飛ぶ　機械

> 音の高低を表す声調符号の形で、イントネーションを思い出しましょう。

第1声 + 第2声

中 文　zhōng wén　ジョン ウェン　「中国語」
中国　言語

开 门　kāi mén　カイ メン　「ドアを開ける」
開ける　ドア

第3声をしっかりと低く抑え込みます！

| 第1声 | + | 第3声 |

喝 酒　hē jiǔ　ホー ジウ　「お酒を飲む」
飲む　酒

吃 饱　chī bǎo　チー バオ　「お腹がいっぱい」
食べる　満腹

| 第1声 | + | 第4声 |

超 市　chāo shì　チャオ シー　「スーパー」
スーパー　マーケット

开 会　kāi huì　カイ ホイ　「会議を開く/会議に出る」
開く　会議

高い音程の第1声を平らに発音して、声調を自然に失う感覚で短く発音すると、なめらかに軽声に移れます。

| 第1声 | + | 軽声 |

桌 子　zhuō zi　ジュオ ズ　「机」
机　接尾語

出 去　chū qu　チュー チュイ　「出ていく」
出る　行く

※「q」の後に「ü」が続く場合、ピンインは「u」と表示します。

第2声との組み合わせ

11

上がり調子で始まる

055

　上がり調子の第2声から始まる声調の組み合わせを練習しましょう。第2声と第2声の組み合わせは、いったん上がってから、また最初の音程に戻って、もう一回上がります。

白 天　bái tiān　バイ ティエン　「昼間」
明るい　空

文 章　wén zhāng　ウエン ジャン　「文章」
文章

> 後ろの第2声は、きちんと低い
> 音程から始めるのがポイント！

第2声＋第2声

学 习　xué xí　シュエ シー　「学習する」
学ぶ　習う

蓝 牙　lán yá　ラン ヤー　「ブルートゥース」
青い　歯

> 携帯電話やパソコンなどを接続する「ブルートゥー
> ス」の名前は、異なる種族を平和に統一した北欧
> の王「青歯王」に由来するそうです。

第2声 ＋ 第3声

上がって下がって、また上がる音です。

没 有　méi yǒu　メイ ヨウ　「ない」
ない　ある

滑 雪　huá xuě　ホア シュエ　「スキー」
滑る　雪

第2声 ＋ 第4声

学 会　xué huì　シュエ ホイ　「マスターする」
学ぶ　できる

茶 道　chá dào　チャー ダオ　「茶道」
茶道

第2声が上がりきったところで、上がる勢いをなくし、軽声を軽く短く発音します。

第2声 ＋ 軽声

一 个　yí ge　イー ゴ　「一つ」
一　個

儿 子　ér zi　アル ズ　「息子」
息子　接尾語

※「**学习**xué xíシュエ シー」、「**滑雪**huá xuěホア シュエ」、「**学会**xué huì シュエ ホイ」のように、「x」の後に「ü」が続く場合、ピンインは「u」と表示します。

第3声との組み合わせ

変調する第３声

　下がって上がる第３声の後ろにほかの音節が続く場合、本来の声調と違う「変調」が起こります。後ろに「第１声」、「第２声」、「第４声」、「軽声」が続く場合、第３声は「半３声（第３声の下がる部分だけ発音して、上がらない）」で発音します。また、後ろに同じ「第３声」が続く場合、前の第３声は第２声（低い音から高い音へ）に変調します。

> 第3声は下がったままで上がらない「半3声」で発音します。

第3声 ＋ 第1声

老 师 lǎo shī　ラオ シー　「教師」

老いている　先生

> 第3声は下がったままで上がらない「半3声」で発音します。

第3声 ＋ 第2声

旅行 lǚ xíng　リュィ シン　「旅行」

旅行

> 前の第3声は第2声で発音しますが、声調符号は第3声のままです。

第3声 ＋ 第3声

手 表 shǒu biǎo　ショウ ビアオ　「腕時計」

手　時計

> 第3声は下がったままで上がらない「半3声」で発音します。

第3声 + **第4声**

米 饭   mǐ fàn   ミー ファン   「ご飯」

米　ご飯

> 第3声は下がったままで上がらない「半3声」で発音して、後ろの軽声は、軽く添える感じで発音します。

第3声 + **軽声**

好 了   hǎo le   ハオラ   「よくなった」

よい　なった

発音しやすくするために変調が起こる 🔊057

　第3声の変調は難しそうに感じるかもしれません。でも実は、変調したほうが発音しやすくなるのです。第3声が続く場合、もしすべて下がってから上がるように発音したら、かなり大変で不自然に聞こえます。慣れてくるとわかると思いますが、変調して第2声で発音すると、後ろの第3声にスムーズにつなげられます。

表記： **第3声** + **第3声** ⟶ 実際の発音： **第2声** + **第3声** に！

海 景   hǎi jǐng   ハイジン   「オーシャンビュー」

海　景色

表記： **第3声** + **第3声** + **第3声** ⟶ 実際の発音： **第2声** + **第2声** + **第3声** に！

冷 水 澡   lěng shuǐ zǎo   ロン シュイ ザオ 「冷水シャワー」

冷たい　水　シャワー

13 第4声との組み合わせ

058

下がる調子で始まる

　下がる調子の第4声から始まる声調の組み合わせを練習しましょう。比較的、発音しやすい組み合わせですが、後ろに第4声が続く場合、下がった音程を再び高い音程に戻し、一気に下がるように発音します。

抑揚がはっきりしている組み合わせです。

面 包 miàn bāo ミエン バオ 「パン」
小麦粉 包む

唱 歌 chàng gē チャン ゴー 「歌を歌う」
歌う 歌

下がってから上がります。

自由 zì yóu ズー ヨウ 「自由」
自由

爱情 ài qíng アイ チン 「愛情、恋」
愛情

72

後ろの第3声はかなり抑え込む感じで発音します。

第4声＋第3声

下 雨　xià yǔ　シア ユィ　「雨が降る」
降る　雨

※「y」の後に「ü」が続く場合、ピンインは「u」と表示します。

梦 想　mèng xiǎng　モン シアン　「夢」
夢見る　思う

二つめの第4声もしっかり下がり調子で発音します。

第4声＋第4声

睡 觉　shuì jiào　シュイ ジアオ　「寝る」
寝る　眠り

害 怕　hài pà　ハイ パー　「恐れる」
(感情を)抱く　恐れる

軽声は第4声の延長線で、軽く添える感じで発音します。

第4声＋軽声

漂 亮　piào liang　ピアオ リアン　「きれい」
きれい　光る

帽 子　mào zi　マオ ズ　「帽子」
帽子　接尾語

059

年月日の言い方

西暦を言うときは、数字を一つずつ読みます。また、日にちの言い方は「日 rì リー」のほかに、話し言葉では「**号** hào ハオ」とも言います。数字の読み方は、104～105ページを参照してください。

1979年9月20日

イー	ジウ	チー	ジウ	ニエン	ジウ	ユエ	アル	シー	リー
yī	jiǔ	qī	jiǔ	nián	jiǔ	yuè	èr	shí	rì

一 九 七 九 年　九 月　二 十 日

「今日」「今月」「今年」などの表現も紹介します。

一昨日	昨日	今日	明日	明後日
チエンティエン	ズオティエン	ジンティエン	ミンティエン	ホウティエン
qián tiān	zuó tiān	jīn tiān	míng tiān	hòu tiān
前天	昨天	今天	明天	后天

先月	今月	来月
シャンゴユエ	ジョーゴユエ	シアゴユエ
shàng ge yuè	zhè ge yuè	xià ge yuè
上个月	这个月	下个月

一昨年	去年	今年	来年	再来年
チエンニエン	チュイニエン	ジンニエン	ミンニエン	ホウニエン
qián nián	qù nián	jīn nián	míng nián	hòu nián
前年	去年	今年	明年	后年

第 **4** 章

基本の文法

中国語の基本的な語順は、「主語＋述語＋目的語」です。
語順によって意味が変わるので、語順がとても大切です。
ここでは、基本的な文型の語順を説明します。

基本的な語順

述語は目的語の前に置く

　中国語には、日本語の「てにをは」にあたるものがなく、それを語順で表します。語順が変わると意味が変わってくるので、語順はとても大切です。中国語の語順は日本語と異なり、もっとも大きな違いは、述語と目的語の順番で、述語を目的語の前に置きます。「主語＋述語＋目的語」のパターンを見てみましょう。

■ 「是（〜である）」という動詞を使う場合

　「**是**shì シー」は、「〜である」という意味の動詞です。「A**是**shì シーB」で「AはBである」という意味になります（78ページ）。

私は学生です。

ウオ	シー	シュエション
wǒ	shì	xué sheng
我	**是**	**学生**。
私	〜である	学生

これは桜です。

ジョー	シー	インホア
zhè	shì	yīng huā
这	**是**	**樱花**。
これ	〜である	桜

動詞述語文（目的語が一つの場合）

動詞が述語になる文の場合、述語は目的語の前に置きます（82ペ
ージ）。

> 私はギターを弾きます。

ウオ	タン	ジータ
wǒ	tán	jí tā
我	弾	吉他。
私	弾く	ギター

動詞述語文（二重目的語の場合）

動詞の目的語が二つあっても、述語を目的語の前に置くのは同じ
です。動作を受ける人を表す「間接目的語」は動詞のすぐ後ろ、そ
の後に動作の対象のものを表す「直接目的語」が続きます。

> 私は母にプレゼントを贈ります。

ウオ	ソン	マーマ	リーウー
wǒ	sòng	mā ma	lǐ wù
我	送	妈妈	礼物。
私	贈る	お母さん	プレゼント
		間接目的語	直接目的語

動詞には、「送 sòng ソン（〜に〜を贈
る）」「教 jiāo ジアオ（〜に〜を教える）」
「给 gěi ゲイ（〜に〜をあげる）」など、
目的語を二つとるものがあります。

「～は～（名詞）です」

主語 ＋ 是（シー） ＋ 名詞

063

「是（シー）」が述語になる文

「**是** shì シー」は、「～である」という意味の動詞です。英語の be 動詞にあたり、「A**是** shì シーB」で「AはBである」という意味になります。人も物も主語にできますが、人を主語にすれば、国籍や職業、名前などを言うことができます。

私は日本人です。

ウオ	シー	リーベンレン
wǒ	shì	rì běn rén
我	**是**	**日本人。**
私	～である	日本人

私は山田健です。

ウオ	シー	シャンティエンジエン
wǒ	shì	shān tián jiàn
我	**是**	**山田健。**
私	～である	山田健

日本人の名前の言い方は、28ページを参照してください。

064

否定文

「**是** shì シー」の前に「**不** bù/bú ブー」をつけると否定文になります。また、主語が変わっても動詞の形は変わりません。

彼は会社員ではありません。

ター	ブー	シー	ゴンスージーユエン
tā	bú	shì	gōng sī zhí yuán
他	不	是	公司职员。
彼	～ない	～である	会社員

「不 bù ／ bú ブー」の声調は後に続く語の声調で変化することがあります。

疑問文

065

肯定文の文末に疑問を表す助詞「吗 ma マ」をつければ、疑問文をつくることができます。語順を変える必要はありません。

あなたは中国人ですか？

ニー	シー	ジョングオレン	マ
nǐ	shì	zhōng guó rén	ma
你	是	中国人	吗？
あなた	～である	中国人	か

「**中国人** zhōng guó rén ジョングオレン」の部分に疑問詞を使うと、疑問文になります。疑問詞を使う場合、文末に疑問を表す「**吗** ma マ」はつけません。

どちらのお国の方ですか？

ニー	シー	ナー	グオレン
nǐ	shì	nǎ	guó rén
你	是	哪	国人？
あなた	～である	どの	国の人

疑問詞

「～は～（形容詞）です」

主語 ＋ 很〔ヘン〕＋ 形容詞

形容詞が述語になる文

066

　形容詞が直接述語になります。「**是** shì シー」はつけないので、気をつけましょう。なお、形容詞の前に程度を表す副詞をつけて、文のバランスをとることが多いです。

部屋がとてもきれいです。

ファンジエン
fáng jiān
房间
部屋

ヘン
hěn
很
とても

ガンジン
gān jìng
干净。
清潔

> 「**很** hěn ヘン」のように、述語の状態を表す文成分を、「状語」と言います。状語は述語の前に置きます。

今日はちょっと寒いです。

ジンティエン
jīn tiān
今天
今日

ヨウディアル
yǒu diǎnr
有点儿
少し

ロン
lěng
冷。
寒い

とてもきれいです！

ヘン
hěn
很
とても

ピアオリアン
piào liang
漂亮！
美しい

> 中国語は、基本的には主語を省略しませんが、このように、主語がはっきりわかる場合、省略されることもあります。

疑問文と否定文

肯定文の文末に疑問を表す助詞「**吗**maマ」をつければ疑問文になります。語順を変える必要はありません。

否定文は、形容詞の前に否定を表す副詞「**不**bù/búブー」をつけるだけです。形容詞の形を変える必要はありません。

試験は難しいですか？

カオシー ナン マ
kǎo shì nán ma

考试 难 吗？
試験　難しい　か

試験は難しくないです。

カオシー ブー ナン
kǎo shì bù nán

考试 不 难。
試験　〜ない　難しい

「あまり〜ではない」という表現は、「**不**bù/búブー」と形容詞の間に程度を表す副詞「**太**tàiタイ」を入れます。下の例文のように、「**不**búブー」は「**太远**tài yuǎnタイユエン（遠すぎる）」を否定し、「すごく遠いわけではない＝あまり遠くない」という意味になります。

コンビニは遠いですか？

ビエンリーディエン ユエン マ
biàn lì diàn yuǎn ma

便利店 远 吗？
コンビニ　遠い　か？

コンビニはあまり遠くないです。

ビエンリーディエン ブー タイ ユエン
biàn lì diàn bú tài yuǎn

便利店 不 太 远。
コンビニ　〜ない　〜すぎる　遠い

第4章 基本の文法

4 「〜は〜します」

主語 ＋ 動詞 （ ＋ 名詞 ）

動詞が述語になる文

068

動詞が述語になる文（動詞述語文）は、「主語＋述語（動詞）＋目的語（名詞）」の語順で文をつくります。

私は中国語を勉強します。

ウオ	シュエ	ハンユィ
wǒ	xué	hàn yǔ
我	学	汉语。
私	学ぶ	中国語

二つの動詞が述語になる場合

069

二つの動詞が一緒に述語になる文を「連動文」と言います。「連動文」は二つの動詞の関係性でいくつかのタイプに分けられますが、ここではもっともよく見るタイプ、後ろの動詞が、前の動詞の目的になる連動文を紹介します。

彼は中国に留学に行きます。

ター	チュィ	ジョングオ	リュウシュエ
tā	qù	zhōng guó	liú xué
他	去	中国	留学。
彼	行く	中国	留学する
主語	述語①	目的語	述語②

> 「留学 liú xué リュウシュエ」は「去 qù チュイ」の目的になります。

否定文

否定文は、動詞の前に否定を表す副詞「**不 bù/bú** ブー」をつけます。

彼女は刺身を食べません。

ター	ブー	チー	ションユィピエン
tā	bù	chī	shēng yú piàn
她	不	吃	生鱼片。
彼女	～ない	食べる	刺身

疑問文

肯定文の文末に疑問を表す語気助詞「**吗 ma** マ」をつければ、疑問文になります。

あなたはビールを飲みますか？

ニー	ホー	ピージウ	マ
nǐ	hē	pí jiǔ	ma
你	喝	啤酒	吗？
あなた	飲む	ビール	か

第4章 基本の文法

➕ プラス α　中国まめ知識

中国人は刺身などの生ものを食べられない人が多いです。また、中国のレストランでビールを注文する際、「**冰啤酒 bīng pí jiǔ** ビンピージウ（冷やしたビール）」と注文しないと、常温のビールが出てくるので、気をつけましょう。

5 「～は～しました」

主語 ＋ 動詞 （＋ 名詞 ）＋ 了ラ

過去を表す助詞「了ラ」を使う 072

述語の活用形によって時制（過去、現在、未来）を表す日本語と違って、中国語には述語の活用がありません。過去の動作を表す場合、動詞の後ろに「了 le ラ」という助詞を使います。

王さんは出張しました。

シアオワン	チューチャイ	ラ
xiǎo wáng	chū chāi	le
小王	出差	了。
王さん	出張する	～した

自分より年下の王さんは「小王 xiǎo wáng シアオワン」、年上の王さんは「老王 lǎo wáng ラオワン」と言います。ただ、「老 lǎo ラオ～」と呼ばれることに抵抗がある人もいるので慎重に使いましょう。

否定文 073

過去形の否定文は、動詞の前に否定を表す副詞「没 méi メイ」をつけます（書き言葉では、「没有 méi yǒu メイヨウ」というように「有 yǒu ヨウ」を入れます）。文末に「了 le ラ」をつけないので、気をつけましょう。

私はお酒を飲みませんでした。

ウオ	メイ	ホー	ジウ
wǒ	méi	hē	jiǔ
我	没	喝	酒。
私	～しなかった	飲む	酒

主観的な否定には「**不**bù/bú ブー」、客観的な否定には「**没**méi メイ」を使います。「私はお酒を飲まない」は「**我不喝酒**。wǒ bù hē jiǔ ウオブーホージウ」。「私はお酒を飲まなかった」は「**我没喝酒**。wǒ méi hē jiǔ ウオメイホージウ」です。

疑問文

　疑問文は、動詞の後に「**了**le ラ」をつけ、さらに文末に疑問を表す「**吗**ma マ」をつけてつくります。

彼は寝ましたか？

ター	シュイ	ラ	マ
tā	shuì	le	ma
他	睡	了	吗?
彼	寝る	〜した	か

＋プラスα 「是シー」や形容詞が述語になる文の場合

　「**是**shì シー」や形容詞が述語になる文は、過去を表す言葉をつければ過去を表せます。

三年前、私は学生でした。

サンニエンチエン	ウオ	シー	シュエション
sān nián qián	wǒ	shì	xué sheng
三年前	我	是	学生。
三年前	私	〜である	学生

私は、昨日とても楽しかったです。

ウオ	ズオティエン	ヘン	カイシン
wǒ	zuó tiān	hěn	kāi xīn
我	昨天	很	开心。
私	昨日	とても	楽しい

6 「〜してください」

请 + 動詞 (+ 名詞)

文頭に「请」をつける

076

「**请**qǐngチン」は「どうぞ（〜してください）」という意味で、文頭に置き、その後に動詞を続けます。「**请**qǐngチン」を使う言い方は、とても丁寧な表現です。

どうぞおかけください。

チン　ズオ
qǐng　zuò
请 坐。
どうぞ　座る

どうぞお茶を召し上がってください。

チン　ホー　チャー
qǐng　hē　chá
请 喝 茶。
どうぞ　飲む　お茶

「**请**qǐngチン」と動詞の間に「**给**gěiゲイ（〜に）＋人」を入れると、「（人）に〜してください」という言い方になります。「**给**gěiゲイ」は前置詞で、動作を受ける対象を導きます。

私に手紙を書いてください。

チン　ゲイ　ウオ　シエ　シン
qǐng　gěi　wǒ　xiě　xìn
请 给 我 写 信。
どうぞ　〜に　私　書く　手紙

「**给**gěiゲイ」は、二重目的語（77ページ参照）をとる動詞（〜を与える）でもあります。この場合、目的語は二つとも名詞や代名詞

でなければなりません。前ページの例文の「**写信**xiě xìn シエシン」のように、動詞＋目的語で構成される動詞フレーズが続く場合、「**给gěi** ゲイ」は「～に」という意味の前置詞になります。

「～しないでください」という表現

　「**不要**bú yào ブーヤオ」は「～するな、～しないでほしい」という禁止の表現です。

遠慮しないでください。

チン	ブーヤオ	コーチ
qǐng	bú yào	kè qi
请	**不要**	**客气。**
どうぞ	～するな	遠慮

文末に「吧」をつけるカジュアルな表現

　「**吧**ba バ」は言い方のニュアンスを表す語気助詞の一つ（110ページ参照）で、文末につけると「～してください、～しましょう」という意味になります。「**请**qǐng チン～」を使う言い方に比べて、かなりカジュアルな表現なので親しい人や目下の人に使います。

座ってください。

ズオ	バ
zuò	ba
坐	**吧。**
座る	～してください

行ってください。

チュイ	バ
qù	ba
去	**吧。**
行く	～してください

「行ってらっしゃい」というカジュアルな挨拶にもなります。

7 「〜に〜をください」

请 给 ＋ 代名詞 ＋ 名詞
チン ゲイ

動詞「给」を使う

079

　86ページで、前置詞としての「**给**gěiゲイ（〜に）」を紹介しましたが、ここでは、動詞としての「**给**gěiゲイ（〜を与える）」を説明しましょう。

　「**给**gěiゲイ」は二重目的語（77ページ参照）をとる動詞です。「**给**gěiゲイ＋人＋もの」の語順で「〜に〜を与える」の意味を表します。さらに文頭に「**请**qīngチン」をつけると、「〜に〜をください」という文をつくれます。

(私に)水をください。

チン qǐng	ゲイ gěi	ウオ wǒ	シュイ shuǐ
请	**给**	**我**	**水**。
どうぞ	与える	私	水
		間接目的語	直接目的語

(私に)少し時間をください。

チン qǐng	ゲイ gěi	ウオ wǒ	イーディアル yì diǎnr	シージエン shí jiān
请	**给**	**我**	**一点儿**	**时间**。
どうぞ	与える	私	少し	時間
		間接目的語		直接目的語

彼にチャンスをください。

チン	ゲイ	ター	イーゴ	ジーホイ
qǐng	gěi	tā	yí ge	jī huì
请	给	他	一个	机会。
どうぞ	与える	彼	一つ	チャンス
		間接目的語		直接目的語

> 「一个 yí ge イーゴ」は文のバランスを取るためにつける言葉で、「一つ」と訳す必要はありません。

レストランなどで注文するとき 080

　レストランでメニューを注文する際、日本語では「〜をください」と言いますが、中国語では「请给我 qǐng gěi wǒ チンゲイウオ〜」の表現はあまり使いません。「我要 wǒ yào ウオヤオ＋数＋量詞＋料理名」「来 lái ライ＋数＋量詞＋料理名」と言うのが一般的です（量詞→106ページ参照）。

ラーメンを一杯ください。

ウオ	ヤオ	イーワン	ラーミエン
wǒ	yào	yì wǎn	lā miàn
我	要	一碗	拉面。
私	〜がほしい	一杯	ラーメン

チンジャオロースをください。

ライ	イーゴ	チンジアオロウスー
lái	yí ge	qīng jiāo ròu sī
来	一个	青椒肉丝。
来る	一つ	チンジャオロース

> 「来 lái ライ」は具体的な意味を持つ動詞の代わりに用いられ、話し手と聞き手が分かっている場面でよく使われます。

8 「とても〜です」
太（タイ）＋ 形容詞 ＋ 了（ラ）！

感心するときに使う「太（タイ）〜了（ラ）」 🔊081

「**太〜了** tài〜le タイ〜ラ（とても〜だ、すごく〜だ）」は、いろいろな場面に使える便利な表現です。このときの「**了** le ラ」は過去を表すものではなく、「**太** tài タイ」とセットで使う助詞です。

とてもきれいですね！

タイ	ピアオリアン	ラ
tài	piào liang	le
太	漂亮	了！
とても	きれい	助詞

> 感心するニュアンスが強い表現なので、文末に感嘆符「！」をつけるのが一般的です。

やった！（すばらしい！）

タイ	ハオ	ラ
tài	hǎo	le
太	好	了！
とても	よい	助詞

今日の試合は本当にすばらしかった！

ジンティエンダ	ビーサイ	タイ	ジンツァイ	ラ
jīn tiān de	bǐ sài	tài	jīng cǎi	le
今天的	比赛	太	精彩	了！
今日の	試合	とても	すばらしい	助詞

マイナスな感情を表す「太〜了」

「**太〜了** tài 〜 le タイ〜ラ」の間に、マイナスな意味を持つ形容詞を入れると、「あまりにも〜すぎる」という表現になります。

（値段が）高すぎるよ！

タイ	グイ	ラ
tài	guì	le
太	贵	了！
あまりにも〜すぎる	高い	助詞

今日は寒すぎる！

ジンティエン	タイ	ロン	ラ
jīn tiān	tài	lěng	le
今天	太	冷	了！
今日	あまりにも〜すぎる	寒い	助詞

第4章 基本の文法

🔷 **プラスα** いっしょに覚えよう

「**太〜了** tài 〜 le タイ〜ラ」を使った慣用句を紹介します。

本当にありがとうございます！

タイ	ガンシエ	ラ
tài	gǎn xiè	le
太	感谢	了！
あまりにも〜すぎる	感謝する	助詞

本当にお手数をおかけしました。

タイ	マーファン	ニー	ラ
tài	má fan	nǐ	le
太	麻烦	你	了！
あまりにも〜すぎる	手数をかける	あなた	助詞

9 「〜がいます／あります」

主語 ＋ 有 ＋ 名詞

存在を表す「有」 084

基本的な文型は、「場所＋有yǒu ヨウ＋存在する人・もの」で、「…に〜がある」という存在表現です。存在する人・ものは「数＋量詞（106ページ参照）」で修飾されるのが一般的で、必ず場所を表す言葉が主語になります。

庭には一本の木があります。

ユエンズ yuàn zi	リ li	ヨウ yǒu	イーコー yì kē	シュー shù
院子	里	有	一棵	树。
庭	〜の中	ある	一本	木

> 「庭の中」という場所が主語です。

否定文 085

「有yǒu ヨウ」の前に、否定を表す「没méi メイ」をつけると否定文になります。

庭には木がありません。

ユエンズ yuàn zi	リ li	メイヨウ méi yǒu	シュー shù
院子	里	没有	树。
庭	〜の中	ない	木

> 否定文には、数＋量詞「一棵yì kē イーコー（一本）」などをつけません。

所有を表す「有」

　基本文型は、「（所有する）人＋**有** yǒu ヨウ＋（所有する）もの」で、「…は〜を持っている」という所有表現です。所有するものは「数＋量詞」で修飾されるのが一般的です。所有者を表す言葉が主語になります。

彼には三人の子どもがいます。

| ター
tā
他
彼 | ヨウ
yǒu
有
いる | サンゴ
sān ge
三个
三人 | ハイズ
hái zi
孩子。
子ども |

> 所有者である「彼」が主語です。

否定文

　「**有** yǒu ヨウ」の前に、否定を表す「**没** méi メイ」をつけると否定文になります。

彼には子どもがいません。

| ター
tā
他
彼 | メイヨウ
méi yǒu
没有
いない | ハイズ
hái zi
孩子。
子ども |

> 否定文には、数＋量詞「三个 sān ge サンゴ（三人）」などをつけません。

＋ プラス **α**　なぜ「場所」が主語になるのか

　中国語の考え方では、92ページの例文の場所を表す言葉「**院子里** yuàn zi li ユエンズリ（庭の中）」は主語になります。
　話題の中心は「庭の中」で、庭の中がどんな様子かを言っているからです。「庭の中に〜」というより、「庭の中は〜」「庭の中には〜」という感覚です。

10 「～はいますか／ありますか?」

主語 ＋ 有(ヨウ) ＋ 名詞 ＋ 吗(マ)?

「吗(マ)」を使う疑問文

088

　「～がいます、～があります」という肯定文の文末に疑問を表す助詞「**吗** maマ」をつけると、疑問文になります。

お時間ありますか?

ニー	ヨウ	シージエン	マ
nǐ	yǒu	shí jiān	ma
你	**有**	**时间**	**吗?**
あなた	ある	時間	か

反復疑問文

089

　肯定の「**有** yǒuヨウ（ある）」と否定の「**没有** méi yǒuメイヨウ（ない）」を続けて、「**有没有** yǒu mei yǒuヨウメイヨウ～?」の形で「～はいますか／ありますか?」という意味になります。この場合、文末に「**吗** maマ」をつけないので、気をつけましょう。なお、反復疑問文は、「**吗** maマ」を使う疑問文とほぼ同じですが、少し柔らかい表現です。

> なお、「**有没有** yǒu mei yǒuヨウメイヨウ」の「**没** méiメイ」は軽声（64ページ参照）で発音します。

一階にトイレがありますか?

イーロウ	ヨウメイヨウ	シーショウジエン
yī lóu	yǒu mei yǒu	xǐ shǒu jiān
一楼	**有没有**	**洗手间?**
一階	ある　ない	トイレ

> 自信がありますか？

ニー　　　　ヨウメイヨウ　　　　　シンシン
nǐ　　　yǒu mei yǒu　　　xìn xīn

你 有没有 信心？

あなた　　　ある　ない　　　　　　自信

「いくつありますか？」をたずねる疑問文 🔊090

　　肯定文の中の「数を表す言葉」を、疑問詞「几 jǐ ジー（いくつ〈10未満の数〉）」もしくは「多少 duō shao ドゥオシャオ（どのくらい〈10以上の数〉）」に置き換え、文末に「？」をつけると、「いくついますか？／ありますか？」をたずねる疑問文になります。

> 教室に二名の学生がいます。

ジアオシー　　リ　　　ヨウ　　リアンゴ　　シュエション
jiào shì　　li　　yǒu　　liǎng ge　　xué sheng

教室 里 有 两个 学生。

教室　　　　〜の中　　いる　　二人　　　　学生

> 教室に何名の学生がいますか？

ジアオシー　　リ　　　ヨウ　　ジーゴ　　シュエション
jiào shì　　li　　yǒu　　jǐ ge　　xué sheng

教室 里 有 几个 学生？

教室　　　　〜の中　　いる　　何人　　　　学生
　　　　　　　　　　　　　　⌞疑問詞⌟

> 学生の数が多い（10人以上）と予測される場合、「几个 jǐ ge ジーゴ」の代わりに「多少 duō shao ドゥオシャオ」を使います。

11 疑問詞を使った疑問文

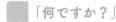

語順は肯定文と同じ

「**什么** shén me シェンマ（何）」「**哪里** nǎ li ナーリ（どこ）」などの疑問詞を使う疑問文の語順は、肯定文と同じです。つまり、肯定文のたずねたい部分を疑問詞に置き替えれば疑問文になります。疑問詞を使う疑問文は、文末に「**吗** ma マ」をつけません。

■ 「何ですか？」

「**什么** shén me シェンマ（何）」を使った疑問文です。

これは何ですか？			これは辞書です。		
ジョー	シー	シェンマ	ジョー	シー	ツーディエン
zhè	shì	shén me	zhè	shì	cí diǎn
这	**是**	**什么？**	**这**	**是**	**词典。**
これ	～である	何	これ	～である	辞書

■ 「どこですか？」

「**哪里** nǎ li ナーリ（どこ）」を使った疑問文です。

駅はどこですか？			駅はあそこです。		
チョージャン	ザイ	ナーリ	チョージャン	ザイ	ナーリ
chē zhàn	zài	nǎ li	chē zhàn	zài	nà li
车站	**在**	**哪里？**	**车站**	**在**	**那里。**
駅	～にある	どこ	駅	～にある	あそこ

093

「**谁**shuí シュイ（だれ）」を使った疑問文です。

彼はだれですか？

ター シー シュイ
tā shì shuí

他 是 谁?

彼 〜である だれ

彼は李先生です。

ター シー リーラオシー
tā shì lǐ lǎo shī

他 是 李老师。

彼 〜である 李先生

■ 「何時ですか？」

094

「**几点**jǐ diǎn ジーディエン（何時）」を使った疑問文です。

今、何時ですか？

シエンザイ ジーディエン
xiàn zài jǐ diǎn

现在 几点?

今 何時

今、十時です。

シエンザイ シーディエン
xiàn zài shí diǎn

现在 十点。

今 十時

■ 「どうしてですか？」

095

「**为什么** wèi shén me ウエイシェンマ（どうして）」を使った疑問文です。「**因为** yīn wei インウェイ（なぜなら〜だから）」で答えます。

どうして参加しないのですか？

ニー ウエイシェンマ ブー ツァンジア
nǐ wèi shén me bù cān jiā

你 为什么 不 参加?

あなた どうして 〜ない 参加する

用事があるからです。

インウェイ ウオ ヨウシー
yīn wèi wǒ yǒu shì

因为 我 有 事。

なぜなら 私 ある 用事

第4章 基本の文法

97

「～したいです」

主語 ＋ 想（シアン）＋ 動詞 （＋ 名詞 ）

願望を表す「～したい」 ◀)) 096

助動詞「**想** xiǎng シアン」は動詞の前につけて、「～したい」という願望を表します。

私は恋がしたいです。

ウオ	シアン	タンリエンアイ
wǒ	xiǎng	tán liàn ài
我	**想**	**谈恋爱。**
私	～したい	恋する

彼女は映画を見たがっています。

ター	シアン	カン	ディエンイン
tā	xiǎng	kàn	diàn yǐng
她	**想**	**看**	**电影。**
彼女	～したい	観る	映画

否定文「したくない」 ◀)) 097

「**不想** bù xiǎng ブーシアン＋動詞」の形で「～したくない」という意味になります。

私は夕飯を食べたくありません。

ウオ	ブーシアン	チー	ワンファン
wǒ	bù xiǎng	chī	wǎn fàn
我	**不想**	**吃**	**晚饭。**
私	～したくない	食べる	夕飯

予定を表す「(～する)つもりだ」 ◀)) 098

動詞「**打算** dǎ suàn ダーソアン」は、後に動詞を続けて「(～する)つもりだ／予定だ」という意味を表します。願望を表す「**想** xiǎng シアン」より、実現に向けて行動しているイメージです。

私は応募するつもりです。

ウオ	ダーソアン	バオミン
wǒ	dǎ suàn	bào míng
我	打算	报名。
私	つもりだ	応募する

否定文「（〜する）つもりがない」

 099

「**不打算**bù dǎ suànブーダーソアン＋動詞」の形で「〜するつもりがない」という意味になります。

彼は結婚をするつもりがありません。

ター	ブーダーソアン	ジエフン
tā	bù dǎ suàn	jié hūn
他	不打算	结婚。
彼	つもりがない	結婚をする

＋プラスα　いっしょに覚えよう

 100

「**想**xiǎngシアン」は「想う、考える」という意味の動詞でもあります。次の表現は、「あなたに会いたい（会えなくて寂しい）」という気持ちを伝える定番フレーズです。

あなたを想っています。

ウオ	シアン	ニー
wǒ	xiǎng	nǐ
我	想	你。
私	想う	あなた

13 「〜できます」

主語 ＋ 会/能（ホイ ノン）＋ 動詞 （ ＋ 名詞 ）

習得を表す「会」

101

語学やスポーツなど習得して「できる」ようになる場合、助動詞「**会** huì ホイ」を動詞の前に入れます。

佐藤さんは水泳ができます。

ズオトン	ホイ	ヨウヨン
zuǒ téng	huì	yóu yǒng
佐藤	**会**	**游泳。**
佐藤	できる	泳ぐ

> 練習して習得し、泳げるようになったので、「**会** huì ホイ」を使います。

能力や条件を表す「能」

102

能力や条件が備わっているので「できる」場合、助動詞「**能** néng ノン」を動詞の前に入れます。

私はニ千メートル泳げます。

ウオ	ノン	ヨウ	リアンチエンミー
wǒ	néng	yóu	liǎng qiān mǐ
我	**能**	**游**	**两千米。**
私	できる	泳ぐ	ニ千メートル

> 体力が備わっており、ニ千メートルも泳げるので、「**能** néng ノン」を使います。

否定文「〜できません」

「**不会**bú huìブーホイ〜／**不能**bù néngブーノン〜」の形で「〜できません」の意味になります。どちらも動詞の前に入れます。

私は運転ができません。

ウオ	ブーホイ	カイチョー
wǒ	bú huì	kāi chē
我	不会	开车。
私	できない	運転する

> 運転技術を習得しておらずできないので、「**不会**bú huìブーホイ」を使います。

> 運転するには飲酒していないこと、という条件が備わっておらずできないので、「**不能**bù néngブーノン」を使います。

私はお酒を飲んだので、運転ができません。

ウオ	ホージウ	ラ	ブーノン	カイチョー
wǒ	hē jiǔ	le	bù néng	kāi chē
我	喝酒	了，	不能	开车。
私	飲酒する	した	できない	運転する

疑問文「〜できますか？」

文末に「**吗**maマ？」をつければ疑問文になります。

あなたはギターを弾けますか？

ニー	ホイ	タン	ジータ	マ
nǐ	huì	tán	jí tā	ma
你	会	弹	吉他	吗？
あなた	できる	弾く	ギター	か

あなたは来られますか？

ニー	ノン	ライ	マ
nǐ	néng	lái	ma
你	能	来	吗？
あなた	できる	来る	か

14 「〜しなければなりません」

主語 ＋ 得/必须/要 ＋ 動詞 （＋ 名詞 ）
（デイ ビーシュィ ヤオ）

義務を表す「得」と「必须」

105

助動詞「**得** dǎi デイ／**必须** bì xū ビーシュィ＋動詞」で「〜しなければならない」という意味になります。

私は授業に出なければなりません。

ウオ	デイ	シャンコー
wǒ	dǎi	shàng kè
我	得	上课。
私	しなければならない	授業に出る

病院は予約しなければなりません。

イーユエン	ビーシュィ	ユィユエ
yī yuàn	bì xū	yù yuē
医院	必须	预约。
病院	しなければならない	予約する

義務、義理の意味合いが強く、文脈によっては「**得** dǎi デイ」には「やむを得ない」、「**必须** bì xū ビーシュィ」には「必ず〜しなければならない」というニュアンスが出ます。

必要を表す「要」

106

助動詞「**要** yào ヤオ＋動詞」で「〜する必要がある、〜しなければならない」という意味になります。義務というより、自らその必要性を強く感じているニュアンスです。

> 私はもっとがんばらなければなりません。

ウオ	ヤオ	ゴンジア	ヌーリー
wǒ	yào	gèng jiā	nǔ lì
我	**要**	**更加**	**努力。**
私	しなければならない	さらに	努力する

否定文「しなくてもよい」

107

動詞の前に「**不用** bú yòng ブーヨン」をつけると、「〜しなくてもよい」という意味になります。

> 明日は土曜日なので、早起きしなくてもいいです。

ミンティエン	シー	ジョウリウ	ブーヨン	ザオチー
míng tiān	shì	zhōu liù	bú yòng	zǎo qǐ
明天	**是**	**周六,**	**不用**	**早起。**
明日	〜である	土曜日	しなくてもよい	早起きする

> **プラスα** いっしょに覚えよう

108

動詞の前に「**不要** bú yào ブーヤオ」をつけると、「〜してはならない」「〜しないでください」という禁止の表現になります。

	ブーヤオ	チョウイエン
	bú yào	chōu yān
タバコをすわないでください。	**不要**	**抽烟。**
	〜してはならない	タバコをすう

15 数字の言い方

0〜99　数え方は日本語と同じ

　2桁までは基本的に日本語と同じ漢字です。ただし、「2」には二通りの言い方があります。「二 èr アル」は、ものの順番を数えるとき、「两 liǎng リアン」は、ものの数量や回数を数えるときに使います。2桁の数字は、日本語同様「1」〜「10」を組み合わせて表現します。

0 リン líng **零**	1 イー yī **一**	2 アル／リアン èr／liǎng **二／两**	3 サン sān **三**	4 スー sì **四**	5 ウー wǔ **五**
6 リウ liù **六**	7 チー qī **七**	8 バー bā **八**	9 ジウ jiǔ **九**	10 シー shí **十**	11 シーイー shí yī **十一**
12 シーアル shí èr **十二**	20 アルシー èr shí **二十**	30 サンシー sān shí **三十**	99 ジウシージウ jiǔ shí jiǔ **九十九**		

100以上の数字

　100以上の数字は、「**百**」の前に「**一**」をつけねばならないなど、日本語と違うところがあります。

100 イーバイ yì bǎi **一百**	101 イーバイリンイー yì bǎi líng yī **一百零一**	110 イーバイイーシー yì bǎi yī shí **一百一十**
199 イーバイジウシージウ yì bǎi jiǔ shí jiǔ **一百九十九**	200 アルバイ／リアンバイ èr bǎi／liǎng bǎi **二百／两百**	1000 イーチェン yì qiān **一千**
2000 アルチエン／リアンチエン èr qiān／liǎng qiān **二千／两千**	1万 イーワン yí wàn **一万**	1億 イーイー yí yì **一亿**

※ 「100」、「1000」、「10000」はそれぞれ「**百／千／万**」の前に
「**一**」をつけないといけません。
　3桁以上の数字の中の「10」も、「**一**」をつけて「**一十** yī shí イ
ーシー」とする必要があります。

※ 「200」と「2000」は「**二**」と「**两**」のどちらも使えますが、
「**两万** liǎng wàn リアンワン（2万）」と「**两亿** liǎng yì リアンイ
ー（2億)」は、「**两**」を使うのが一般的です。

※空いている桁があれば、「**零** líng リン」を入れないといけません。
　「101」　**一百零一** yì bǎi líng yī イーバイリンイー
　「0」が二つ以上続く場合でも、「**零**」を一つだけ置きます。
　「20010」　**两万零一十** liǎng wàn líng yī shí リアンワンリンイーシー

※最後の桁が「0」の場合、「**十**」と「**百**」を省略できます。
　「150」　**一百五十** → **一百五**　yì bǎi wǔ イーバイウー
　（「**十**」を省略）
　「3700」**三千七百** → **三千七**　sān qiān qī サンチェンチー
　（「**百**」を省略）

※ただし、「1050」のように、空いている桁があれば省略しません。
　「1050」　**一千零五十** yì qiān líng wǔ shí　イーチエンリンウーシ
　ー（「**十**」を省略しない）

16 量詞（助数詞）

数える単位「量詞」

　日本語でもものを数えるとき、「1杯、2枚、3回…」というように、数えるものによって単位が変わりますが、中国語にも「量詞」という数える単位があります。主な量詞をご紹介しましょう。

 名詞を数える「名量詞」

　名量詞の一例を紹介します。語順は、「数詞＋量詞＋名詞」です。

もの、人など幅広いもの ゴ gè 　日本語の漢字 **个（個）**	ひとり イーゴレン yí ge rén **一个人**	一つの教訓 イーゴジアオシュン yí ge jiào xùn **一个教训**
対になるものの片方や、動物など ジー zhī 　日本語の漢字 **只（隻）**	二本の手 リアンジーショウ liǎng zhī shǒu **两只手**	五頭の羊 ウージーヤン wǔ zhī yáng **五只羊**
お茶やお酒など ベイ bēi 　日本語の漢字 **杯（杯）**	一杯のお茶 イーベイチャー yì bēi chá **一杯茶**	四杯のお酒 スーベイジウ sì bēi jiǔ **四杯酒**
平面を持つもの ジャン zhāng 　日本語の漢字 **张　（張）**	三枚の紙 サンジャンジー sān zhāng zhǐ **三张纸**	一つの机 イージャンジュオズ yì zhāng zhuō zi **一张桌子**

細長いもの ティアオ tiáo 日本語の漢字 **条（条）**	三匹の魚 サンティアオユィ sān tiáo yú **三条鱼**	一本のズボン イーティアオクーズ yì tiáo kù zi **一条裤子**
ご飯、スープなど ワン wǎn 日本語の漢字 **碗（椀）**	二杯のご飯 リアンワンファン liǎng wǎn fàn **两碗饭**	三杯のスープ サンワンタン sān wǎn tāng **三碗汤**
本や冊子など ベン běn 日本語の漢字 **本（本）**	一冊の本 イーベンシュー yì běn shū **一本书**	六冊の雑誌 リウベンザージー liù běn zá zhì **六本杂志**

112

■ 動作・行為を数える「動量詞」

動量詞の一例を紹介します。語順は、「動詞＋数詞＋量詞」です。

(短い)動作、行為など シア xià 日本語の漢字 **下（下）**	ちょっと見る カンイシア kàn yi xià **看一下**
反復する動作など ツー cì 日本語の漢字 **次（次）**	一回経験する ジンリーイーツー jīng lì yí cì **经历一次**

「一下yi xiàイシア」は短い動作、行為を表し、「動詞＋一下yi xiàイシア」で「ちょっと～する」という意味になります。

17 曜日、時間の言い方

曜日の言い方「星期」 113

　7日間を一週とする星座にもとづく考えから、「**星期**xīng qīシンチー」という言葉が生まれました。「**星期**xīng qīシンチー」は「週間」を表します。「**星期**xīng qīシンチー」の後ろに「**一**yīイー〜**六**liùリウ」の漢数字をつけて、月〜土曜日、「**日**rìリー/**天**tiānティエン」をつけて日曜日を表します。

月曜日 シンチー イー xīng qī yī **星期 一**	火曜日 シンチー アル xīng qī èr **星期 二**	水曜日 シンチー サン xīng qī sān **星期 三**
木曜日 シンチー スー xīng qī sì **星期 四**	金曜日 シンチー ウー xīng qī wǔ **星期 五**	土曜日 シンチー リウ xīng qī liù **星期 六**

日曜日
シンチー リー　　　　　シンチー ティエン
xīng qī rì　　　　　xīng qī tiān
星期 日／星期 天

> 「**星期**xīng qīシンチー」の代わりに「**周**zhōuジョウ」を使う表現もあります。「**周一**zhōu yīジョウイー（月曜日）」、「**周二**zhōu èrジョウアル（火曜日）」のように同じルールで日曜日までを表します。

中国語の時刻の言い方は日本語とよく似ています。ただし、「〜時」は「**〜点** diǎn ディエン」を使うのが一般的で、書き言葉では「**时** shí シー」が使われることもあります。

3時20分 サンディエン　アルシーフェン sān diǎn èr shí fēn ## 三点 二十分	9時15分 ジウディエン　シーウーフェン jiǔ diǎn shí wǔ fēn ## 九点 十五分
12時半 シーアルディエン　バン shí èr diǎn bàn ## 十二点 半	10時10分10秒 シーディエン　シーフェン　シーミアオ shí diǎn shí fēn shí miǎo ## 十点 十分 十秒

時間帯
115

　朝、夜などの時間帯の表現を紹介します。

朝 ザオシャン zǎo shang ## 早上	午前 シャンウー shàng wǔ ## 上午	正午 ジョンウー zhōng wǔ ## 中午	午後 シアウー xià wǔ ## 下午
夕方 バンワン bàng wǎn ## 傍晚	夜 ワンシャン wǎn shang ## 晚上	深夜 シェンイエ shēn yè ## 深夜	明け方 リンチェン líng chén ## 凌晨

※年月日の言い方は74ページを参照してください。

18 ニュアンスを表す語気助詞

事態の変化を表す「了 le」

116

　語気助詞とは、文末に置いて、文にいろいろなニュアンスをつけ加える中国語独特の品詞です。語気助詞は、軽声（64ページ参照）で発音します。

　「了 le ラ」は「動作の完了」を表すほかに、「新しい状況の発生や変化」を表す語気助詞としての働きもあります。

（天気が）涼しくなった。

ティエンチー	リアンクアイ	ラ
tiān qì	liáng kuai	le
天气	凉快	了。
天気	涼しい	なった

彼は用事があり、来られなくなった。

ター	ヨウシー	ブーノン	ライ	ラ
tā	yǒu shì	bù néng	lái	le
他	有事	不能	来	了。
彼	用がある	できない	来る	なった

質問を表す「吗 ma」

117

　相手に「はい」か「いいえ」の答えを求める語気助詞です。

わかりましたか？

ミンバイ	ラ	マ
míng bai	le	ma
明白	了	吗？
分かる	〜した	か

彼女は家にいますか？

ター	ザイジア	マ
tā	zài jiā	ma
她	在家	吗？
彼女	在宅する	か

「確認」を表す「呢 ne」

118

質問の内容が文脈でわかっている場合、「**呢**neナ」を使って「〜はどうですか？」という意味を表します。

> 私は行きたいです、あなたは？（行きたいですか？）

ウオ	シアンチュイ	ニー	ナ
wǒ	xiǎng qù	nǐ	ne
我	**想去，**	**你**	**呢?**
私	行きたい	あなた	どう

「提案」、「確認」、「推測」を表す「吧 ba」
119

「〜しましょう」「〜ですよね？」などのニュアンスを表します。

> 食べてみて。

チャンチャン	バ
cháng chang	ba
尝尝	**吧。**
ちょっと味見する	〜しよう

> おいしいでしょう？

ハオチー	バ
hǎo chī	ba
好吃	**吧?**
おいしい	よね

「感嘆」を表す「啊 a」
120

感動や共感の気持ちを表します。通常、感嘆文のイントネーションは下がり調子になり、文末には「！」をつけます。

> 本当にきれいですね！

ジェン	メイ	ア
zhēn	měi	a
真	**美**	**啊!**
本当に	きれい	ね

> そうですね！

シー	ア
shì	a
是	**啊!**
そう	ね

お金の数え方

　中国の通貨は「**人民币** rén mín bì レンミンビー（人民元）」と言います。お金の単位は、「**元** yuán ユエン（元_{げん}）」「**角** jiǎo ジアオ（角_{かく}）」「**分** fēn フェン（分_{ふん}）」の３種類があります（「１元」＝「10角」＝「100分」）。話し言葉では、「**元**」は「**块** kuài クアイ」、「**角**」は「**毛** máo マオ」とも言います。

　紙幣には「100元」「50元」「20元」「10元」「5元」「1元」の６種類、硬貨には「1元」「5角」「1角」「5分」「1分」の５種類があります。数字の読み方は、104〜105ページを参照してください。

1元

イーユエン
yì yuán
一元

イークアイ
yí kuài
一块

2元

リアンユエン
liǎng yuán
两元

リアンクアイ
liǎng kuài
两块

10元

シーユエン
shí yuán
十元

シークアイ
shí kuài
十块

100元

イーバイユエン
yì bǎi yuán
一百元

イーバイクアイ
yì bǎi kuài
一百块

358元6角5分

サンバイ
sān bǎi
三百

ウーシーバー
wǔ shí bā
五十八

ユエン
yuán
元

リウ ジアオ
liù jiǎo
六角

ウー フェン
wǔ fēn
五分

サンバイ
sān bǎi
三百

ウーシーバー
wǔ shí bā
五十八

クアイ
kuài
块

リウ マオ
liù máo
六毛

ウー フェン
wǔ fēn
五分

第 **5** 章

場面別フレーズ

旅行のときやビジネスの場面を想定した会話例を紹介します。
実際に中国の人とおしゃべりしているような気持ちで、
会話の練習をしてみましょう。

1 飲食店に入る

122

店員

ホアンイングアンリン
huān yíng guāng lín
欢迎光临， 你们 几位？
ようこそ

ニーメン
nǐ men
你们
あなたたち

ジーウエイ
jǐ wèi
几位？
何名様

「いらっしゃいませ。何名様ですか？」

直美

サンウエイ
sān wèi
三位。 「三人です。」
三名様

ヨウ
yǒu
有
ある

メイヨウ
mei yǒu
没有
ない

ダンジエン
dān jiān
单间？
個室

「個室はありますか？」

> 「**几位** jǐ wèi ジーウエイ」は「**几个人** jǐ ge rén ジーゴレン（何人）」の丁寧なたずね方です。中国では、質問の語尾につられて「**三位**（三名様）」と答えるのは珍しくありません。

店員

ヨウ
yǒu
有，
ある

ジョービエン
zhè biān
这边
こちら

チン
qǐng
请。
どうぞ

「はい、こちらへどうぞ。」

! Pick up フレーズ

「 個室 はありますか？」

ヨウ
yǒu
有
ある

メイヨウ
mei yǒu
没有
ない

ダンジエン
dān jiān
单间？
個室

「**有** yǒu ヨウ（ある）」と「**没有** méi yǒu メイヨウ（ない）」をくっつけた「**有没有** yǒu mei yǒu ヨウメイヨウ〜？」は後に名詞を続けて「〜ありますか？」（94ページ参照）の意味を表します。

色文字の部分を入れかえて、「〜はありますか？」という言い方を練習しましょう。

ビールはありますか？

ヨウ	メイヨウ	ビージウ
yǒu	mei yǒu	pí jiǔ
有	没有	啤酒?
ある	ない	ビール

ショーロンポーはありますか？

ヨウ	メイヨウ	シアオロンバオ
yǒu	mei yǒu	xiǎolóngbāo
有	没有	小笼包?
ある	ない	ショーロンポー

禁煙席はありますか？

ヨウ	メイヨウ	ジンイエンズオウェイ
yǒu	mei yǒu	jìn yān zuò wèi
有	没有	禁烟座位?
ある	ない	禁煙席

「あります」と答える場合は、「**有**。yǒu ヨウ」、「ありません」と答える場合は「**没有**。méi yǒu メイヨウ」です。

第5章　場面別フレーズ

プラスα　いっしょに覚えよう 124

飲み物や料理の名前をいくつか紹介します。

コーヒー	ウーロン茶	コーラ	白酒
カーフェイ	ウーロンチャ	コーラ	バイジウ
kā fēi	wū lóng chá	kě lè	bái jiǔ
咖啡	乌龙茶	可乐	白酒

北京ダック	焼き餃子	ライス	ラーメン
ベイジンカオヤー	グオティエ	ミーファン	ラーミエン
běi jīng kǎo yā	guō tiē	mǐ fàn	lā miàn
北京烤鸭	锅贴	米饭	拉面

125

直美

フーウーユエン
fú wù yuán
服务员，
店員

ディエン　ツアイ
diǎn cài
点 菜。
注文する　料理

「すみません、注文を
お願いします。」

ライ　　イーゴ　　　　ホイグオロウ
lái yí ge huí guō ròu
来 一个 回锅肉。
注文する　一つ　　　　ホイコーロー

「ホイコーローを
一つください。」

店員

ヨウ　　メイヨウ　　　ジーコウダ　　　ドンシ
yǒu mei yǒu jì kǒu de dōng xi
有 没有 忌口的 东西?
ある　ない　　　体にさわる　　もの

「食べられないものはありますか？」

直美

メイヨウ
méi yǒu
没有。
ない

「ありません。」

！ Pick up フレーズ

「 ホイコーローを一つ
　ください。」

ライ　　　イーゴ　　　　ホイグオロウ
lái yí ge huí guō ròu
来 一个 回锅肉。
注文する　一つ　　　　ホイコーロー

　レストランで注文するときは、「**来**lái ライ＋数詞＋量詞＋名詞」
の文型を使うのが一般的です。「**来**lái ライ」は、具体的な意味を持
つ「**点**diǎn ディエン（注文する）」の代わりに用いられます。

色文字の部分を入れかえて、「〜をください」という言い方を練習しましょう。

マーボー豆腐を一つください。

ライ	イーゴ	マーボードウフ
lái	yí ge	má pó dòu fu
来	一个	麻婆豆腐。
注文する	一つ	マーボー豆腐

生ビールを二つください。

ライ	リアンベイ	ションピー
lái	liǎng bēi	shēng pí
来	两杯	生啤。
注文する	二杯	ビール

> 「生ビール」は、「**鮮啤** xiān pí シエンピー」「**扎啤** zhā pí ジャーピー」とも言います。

➕ **プラスα**　いっしょに覚えよう　🔊 **127**

中国の飲食店では、「食べられないものはありますか？」とよく聞かれます。パクチーやニンニク、唐辛子などが苦手な人もいるからです。もし食べられないものがあれば、注文する際に「**不要** bú yào ブーヤオ（いらない）〜」と言えばOKです。

パクチーを入れないで。

ブーヤオ	シアンツァイ
bú yào	xiāng cài
不要	香菜。
いらない	パクチー

ニンニクを入れないで。

ブーヤオ	ソアン
bú yào	suàn
不要	蒜。
いらない	ニンニク

唐辛子を入れないで。

ブーヤオ	ラージアオ
bú yào	là jiāo
不要	辣椒。
いらない	唐辛子

③ 味の感想を言う

店員
ウェイダオ　ゼンマヤン
wèi dào　zěn me yàng
味道　怎么样?
味　　　いかが

「味はいかがでしょうか?」

直美
ヘン　ハオチー
hěn　hǎo chī
很 好吃。
とても　おいしい

「とてもおいしいです。」

店員
ニー　シーホアン　シェンマ　コウウェイ
nǐ　xǐ huan　shén me　kǒu wèi
你 喜欢 什么 口味?
あなた　好き　何　風味

「どんな味つけが
好きですか?」

直美
ウオ　シーホアン　チンダンダ
wǒ　xǐ huan　qīng dàn de
我 喜欢 清淡的。
私　好き　あっさりしたもの

「あっさりしたものが
好きです。」

！ Pick up フレーズ

「とても　おいしい　です。」

ヘン　ハオチー
hěn　hǎo chī
很 好吃。
とても　おいしい

　食べておいしい場合は「**好吃**hǎo chī ハオチー」、飲んでおいしい場合は、「**好喝**hǎo hē ハオホー」と言います。また、「おいしかったです」と言う場合も形容詞は原形のまま変わりません。

色文字の部分を入れかえて、「とても〜です」という言い方を練習しましょう。

（飲み物が）とてもおいしいです。

ヘン　　ハオホー
hěn　hǎo hē
很　好喝。
とても　おいしい

とてもやわらかいです。

ヘン　　ルアン
hěn　ruǎn
很　软。
とても　やわらかい

とても辛いです。

ヘン　　ラー
hěn　là
很　辣。
とても　辛い

とても甘いです。

ヘン　　ティエン
hěn　tián
很　甜。
とても　甘い

第5章　場面別フレーズ

＋プラスα いっしょに覚えよう　🔊130

味や口当たりの表現を入れかえて、会話の幅を広げましょう。中華料理には、揚げ物やこってりした料理が多く、このような料理の味を表現するとき「香 xiāng シアン（香ばしい）」をよく使います。

香ばしい	塩辛い	味が薄い	苦い
シアン	シエン	ダン	クー
xiāng	xián	dàn	kǔ
香	咸	淡	苦

酸っぱい	固い	サクサクした	もちもちした
ソアン	イン	スー	ヌオ
suān	yìng	sū	nuò
酸	硬	酥	糯

4 おかわりをもらう

131

店員

ザイライ	イーワン	ミーファン	マ
zài lái	yì wǎn	mǐ fàn	ma
再来	**一碗**	**米饭**	**吗?**
また注文する	一杯	ご飯	か

「ご飯のおかわりは
いかがですか?」

直美

ブー	ザイライ	イーベイ	ピージウ
bù	zài lái	yì bēi	pí jiǔ
不,	**再来**	**一杯**	**啤酒。**
いいえ	また注文する	一杯	ビール

「けっこうです。ビールのおかわりをください。」

カーフェイ	コーイー	シュイ	ベイ	マ
kā fēi	kě yǐ	xù	bēi	ma
咖啡	**可以**	**续**	**杯**	**吗?**
コーヒー	できる	つけ足す	コップ	か

「コーヒーは
おかわり
自由ですか?」

店員

シーダ	コーイー	ズーヨウ	シュイ	ベイ
shì de	kě yǐ	zì yóu	xù	bēi
是的,	**可以**	**自由**	**续**	**杯。**
はい	できる	自由	つけ足す	コップ

「はい、おかわり自由です。」

! Pick up フレーズ

「 ビール のおかわりを
ください。」

ザイライ	イーベイ	ピージウ
zài lái	yì bēi	pí jiǔ
再来	**一杯**	**啤酒。**
また注文する	一杯	ビール

　「**来**lái ライ」は、注文する際によく使われる動詞です（116ページ参照）。前に「もう一度」を意味する「**再**zài ザイ」をつけて「〜をおかわりする」の表現になります。

入れかえフレーズ

　色文字の部分を入れかえて、「〜のおかわりをください」という言い方を練習しましょう。

チャーハンのおかわりをください。

ザイライ　　　イーフェン　　チャオファン
zài lái　　　yí fèn　　　chǎo fàn

再来 一份 炒饭。

また注文する　　一人前　　　チャーハン

> 「おかわりはいかがですか?」の答えは、「はい」は「好。hǎoハオ」、「いいえ」は「不要了。bú yào le ブーヤオラ」です。

ご飯のおかわりをください。

ザイライ　　　イーワン　　　ミーファン
zài lái　　　yì wǎn　　　mǐ fàn

再来 一碗 米饭。

また注文する　　一杯　　　ご飯

お茶のおかわりを二杯ください。

ザイライ　　　リアンベイ　　チャー
zài lái　　　liǎng bēi　　chá

再来 两杯 茶。

また注文する　　二杯　　　お茶

＋プラスα　いっしょに覚えよう

　「飲み放題」や「食べ放題」は中国でも人気です。そのほか、飲食店で使える単語をいくつか紹介しましょう。

食べ放題（バイキング）
ズージューツアン
zì zhù cān
自助餐

飲み放題
ウーシエンチャンイン
wú xiàn chàng yǐn
无限畅饮

店内で食べる
タンシー
táng shí
堂食

出前サービス
ワイマイ
wài mài
外卖

テイクアウト／食べ残しを持ち帰る
ダーバオ
dǎ bāo
打包

121

5 会計する

直美

フーウーユエン
fú wù yuán
服务员， 买单。
店員

マイダン
mǎi dān
买单。
お勘定

「すみません、
会計をお願いします。」

イーゴン
yí gòng
一共
合計

ドゥオシャオチエン
duō shao qián
多少钱？
いくら

「合計でいくらですか？」

店員

アルバイ
èr bǎi
二百
二百

サンシー
sān shí
三十
三十

クアイ
kuài
块。
元

「二百三十元です。」

直美

コーイー
kě yǐ
可以
できる

ショウジー
shǒu jī
手机
携帯電話

ジーフー
zhī fù
支付
支払う

マ
ma
吗？
か

「モバイル決済は
使えますか？」

! Pick up フレーズ

「 合計で　いくらですか？」

イーゴン
yí gòng
一共
合計

ドゥオシャオチエン
duō shao qián
多少钱？
いくら

「**多少钱**？ duō shao qián ドゥオシャオチエン」は「いくらですか？」です。前に「**一共**yí gòng イーゴン（合計）」という言葉を加えると、「合計でいくらですか？」という意味になります。

色文字の部分を入れかえて、「いくらですか？」という言い方を練習しましょう。

これはいくらですか？

ジョーゴ　　　　ドゥオシャオチエン
zhè ge　　duō shao qián

这个 多少钱？
これ　　　　　いくら

一ついくらですか？

イーゴ　　　　　ドゥオシャオチエン
yí ge　　duō shao qián

一个 多少钱？
一つ　　　　　いくら

＋プラスα　いっしょに覚えよう

　中国は世界でもトップクラスのキャッシュレス先進国。もっともよく使われているモバイル決済サービスは、「ウィーチャットペイ」と「アリペイ」です。

ウィーチャットペイ
（WeChatPay）
ウェイシンジーフー
wēi xìn zhī fù

微信支付

アリペイ
（Alipay）
ジーフーバオ
zhī fù bǎo

支付宝

　モバイル決済する際によく使われる次の表現を覚えましょう。

このQRコードをスキャンしてください。

チン　　サオ　　　　ジョーゴ　　アルウェイマー
qǐng　sǎo　　zhè ge　　èr wéi mǎ

请 扫 这个 二维码。
どうぞ スキャンする　この　　2次元コード

6 タクシーにのる

直美
チュィ qù **去**
行く

ベイジン ショウドウ グオジー bĕi jīng shŏu dū guó jì **北京首都国际**
北京首都国際

ジーチャン jī chǎng **机场。**
空港

「北京首都国際空港まで行ってください。」

運転手
チン qǐng **请**
どうぞ

ジーハオ jì hǎo **系好**
しっかりつける

アンチュアンダイ ān quán dài **安全带。**
シートベルト

「シートベルトをお願いします。」

直美
チェンミエン qián miàn **前面**
先

ワン wǎng **往**
～へ

ヨウ yòu **右**
右

グアイ guǎi **拐。**
曲がる

「この先、右に曲がってください。」

チン qǐng **请**
どうぞ

ティン tíng **停**
止める

ザイ zài **在**
～に

ルービエン lù biān **路边。**
路肩

「路肩に停車してください。」

Pick up フレーズ

「北京首都国際空港まで行ってください。」

チュィ qù **去**
行く

ベイジン ショウドウ グオジー bĕi jīng shŏu dū guó jì **北京首都国际**
北京首都国際

ジーチャン jī chǎng **机场。**
空港

「**去**qù チュィ～（～に行ってください）」はタクシーなどで行き先を告げるときによく使うシンプルな文型です。「**去**qù チュィ」の後には目的地（駅や名所、ホテルの名前など）を入れます。

124

色文字の部分を入れかえて、「〜まで行ってください」という言い方を練習しましょう。

駅まで行ってください。

チュイ　　ホオチョージャン
qù　　huǒ chē zhàn

去　火车站。

行く　　　　駅

故宮まで行ってください。

チュイ　　グーゴン
qù　　gù gōng

去　故宫。

行く　　　故宮

頤和園（いわえん）まで行ってください。

チュイ　　イーホーユエン
qù　　yí hé yuán

去　颐和园。

行く　　　頤和園

「颐和园 yí hé yuán イーホーユエン」は、北京にある世界遺産になった名園です。

＋プラスα　いっしょに覚えよう

139

中国のタクシーの初乗り料金（3㎞まで）は約8〜16元（日本円で約160〜320円）で、1㎞ごとのメーター料金は約2〜3元（約40〜60円）なので、日本よりも安く利用しやすいです。

タクシーを呼んでください。

チン　ジアオ　チューズーチョー
qǐng jiào　chū zū chē

请 叫 出租车。

どうぞ 呼ぶ　　タクシー

タクシー乗り場

チューズーチョー　ホーチョーチュイ
chū zū chē　hòu chē qū

出租车 候车区

タクシー　　　　乗り場

タクシー乗り場はどこですか？

チューズーチョー　ホーチョーチュイ　ザイ　ナーリ
chū zū chē　hòu chē qū　zài　nǎ li

出租车 候车区 在 哪里？

タクシー　　　乗り場　　ある　どこ

7 道をたずねる

140

直美

チンウエン　チュイ　ディティエジャン　ゼンマゾウ
qǐng wèn　qù　dì tiě zhàn　zěn me zǒu
请问，去 地铁站 怎么走？
おたずねします　行く　地下鉄の駅　どうやって行く

「すみません、地下鉄の駅までどうやって行きますか？」

通行人

イージー　ワン　チエン　ズウ　ジウシー
yì zhí　wǎng qián　zǒu　jiù shì
一直 往 前 走 就是。
ずっと　〜へ　前　歩く　そうだ

「まっすぐ行けば着きます。」

「就是 jiù shì ジウシー」は「ほかでもなく〜だ」という意味で、強い断定を表します。

直美

ダーガイ　ヨウ　ドウユエン
dà gài　yǒu　duō yuǎn
大概 有 多远？
およそ　ある　どのくらい遠い

「どのくらいの距離ですか？」

通行人

ウーバイミー　スオヨウ
wǔ bǎi mǐ　zuǒ yòu
五百米 左右。
五百メートル　くらい

「五百メートルくらいです。」

! Pick up フレーズ

「 地下鉄の駅 まで
どうやって
行きますか？」

チュイ　ディティエジャン　ゼンマゾウ
qù　dì tiě zhàn　zěn me zǒu
去 地铁站 怎么走？
行く　地下鉄の駅　どうやって行く

「去 qù チュイ＋行きたい場所＋怎么走 zěn me zǒu ゼンマゾウ」は、「〜までどうやって行きますか？」という表現です。

色文字の部分を入れかえて、「〜までどうやって行きますか？」という言い方を練習しましょう。

首都ホテルまでどうやって行きますか？

チュイ ショウドゥ ダージウディエン ゼンマゾウ
qù shǒu dū dà jiǔ diàn zěn me zǒu
去 首都 大酒店 怎么走?
行く 首都 ホテル どうやって行く

北京駅までどうやって行きますか？

チュイ ベイジン ホオチョージャン ゼンマゾウ
qù běi jīng huǒ chē zhàn zěn me zǒu
去 北京 火车站 怎么走?
行く 北京 駅 どうやって行く

＋プラスα いっしょに覚えよう ◀))142

場所をたずねる際に使う単語とフレーズを紹介します。

スーパー	コンビニ	ローソン	ファミリーマート
チャオシー	ビエンリーディエン	ルオセン	チュアンジア
chāo shì	biàn lì diàn	luó sēn	quán jiā
超市	**便利店**	**罗森**	**全家**

郵便局	病院	大使館	領事館
ヨウジュイ	イーユエン	ダーシーグアン	リンシーグアン
yóu jú	yī yuàn	dà shǐ guǎn	lǐng shì guǎn
邮局	**医院**	**大使馆**	**领事馆**

この近くに銀行はありますか？

ジョーフージン ヨウ インハン マ
zhè fù jìn yǒu yín háng ma
这附近 有 银行 吗?
この近く ある 銀行 か

8 両替する

直美

ザイジョーリ
zài zhè li
在这里
ここで

ノン
néng
能
できる

ホアン
huàn
换
交換する

チエン
qián
钱
金

マ
ma
吗?
か

「ここで両替
できますか?」

係員

ノン
néng
能。
できる

ニー
nǐ
你
あなた

ホアン
huàn
换
交換する

シェンマ
shénme
什么
何

ワイビー
wài bì
外币?
外貨

「はい、何の外貨を両替しますか?」

直美

イーワンリーユエン
yí wàn rì yuán
一万日元
一万円

ノン
néng
能
できる

ホアン
huàn
换
交換する

ドゥオシャオ
duō shao
多少
どのくらい

レンミンビー
rén mín bì
人民币?
人民元

「一万円はいくらの人民元に両替できますか?」

係員

ウーバイ
wǔ bǎi
五百
五百

リン
líng
零
ゼロ

サンクアイ
sān kuài
三块。
三元

「五百三元です。」

! Pick up フレーズ

「両替　できますか?」

ノン
néng
能
できる

ホアン
huàn
换
交換する

チエン
qián
钱
金

マ
ma
吗?
か

　「**能**néngノン」は「ある条件が備わっているので、できる」とい
う表現です（100ページ参照）。「**能**＋動詞〜**吗**néng〜maノン〜
マ?」で「〜できますか?」という意味になります。

色文字の部分を入れかえて、「〜できますか？」という言い方を練習しましょう。

米ドルに両替できますか？

ノン ホアン メイユエン マ
néng huàn měi yuán ma

能 換 美元 吗?

できる 交換する 米ドル か

> 「できます」は、「能。néngノン」、「できません」は「不能。bù néngブーノン」です。

予約できますか？

ノン ウィユエ マ
néng yù yuē ma

能 预约 吗?

できる 予約する か

返品できますか？

ノン トゥイホオ マ
néng tuì huò ma

能 退货 吗?

できる 返品する か

プラスα いっしょに覚えよう 145

主要な通貨の名前や、為替レートを聞く際の言い方を紹介します。

ユーロ **英ポンド** **韓国ウォン** **台湾ドル**

オウユエン インパン ハンユエン シンタイビー
ōu yuán yīng bàng hán yuán xīn tái bì

欧元 英镑 韩元 新台币

人民元と円の為替レートはいくらですか？

レンミンビー ドゥイ リーユエン ホイリュイ シー ドゥシャオ
rén mín bì duì rì yuán huì lǜ shì duō shao

人民币 对 日元 汇率 是 多少?

人民元 対 日本円 為替レート である いくら

9 ホテルにチェックインする

146

直美

ウオ	ヤオ	バンリー	ルージュー	ショウシュイ
wǒ	yào	bàn lǐ	rù zhù	shǒu xù
我	要	办理	入住	手续。
私	〜したい	する	宿泊する	手続き

「チェックインをお願いします。」

フロント

チン	チューシー	ニンダ	ジョンジエン
qǐng	chū shì	nín de	zhèng jiàn
请	出示	您的	证件。
どうぞ	提示する	あなたの	身分証明書

「身分証明書の提示をお願いします。」

「您nín ニン」は「你nǐ ニー（あなた）」の敬称です。

直美

ザオツァン	ダオ	ジーディエン
zǎo cān	dào	jǐ diǎn
早餐	到	几点?
朝食	〜まで	何時

「朝食は何時までですか？」

フロント

ザオツァン	ツォン	リウディエンバン	ダオ	シーディエン
zǎo cān	cóng	liù diǎn bàn	dào	shí diǎn
早餐	从	6点半	到	10点。
朝食	〜から	6時半	〜まで	10時

「朝食は6時半から10時までです。」

> **! Pick up フレーズ**

「チェックインをお願いします。」

ウオ	ヤオ	バンリー	ルージュー	ショウシュイ
wǒ	yào	bàn lǐ	rù zhù	shǒu xù
我	要	办理	入住	手续。
私	〜したい	する	宿泊する	手続き

「要yàoヤオ」には「〜しなければならない」（103ページ参照）に加えて、「〜したい」という意味もあります。

色文字の部分を入れかえて、「〜をお願いします」という言い方を練習しましょう。

チェックアウトをお願いします。

ウオ	ヤオ	バンリー	トゥイファン	ショウシュイ
wǒ	yào	bàn lǐ	tuì fáng	shǒu xù
我	要	办理	退房	手续。
私	〜したい	する	チェックアウト	手続き

> 「办理bàn lǐ バンリー〜手续 shǒu xù ショウシュイ」は、「〜の手続きをする」という意味です。

一泊延長をお願いします。

ウオ	ヤオ	イェンチャン	イーワン
wǒ	yào	yán cháng	yì wǎn
我	要	延长	一晚。
私	〜したい	延長する	一晩

➕プラスα いっしょに覚えよう 🔊148

ホテルの設備が故障しているときは、「〜坏了。huài le ホアイラ（〜が故障した）」という表現を使って伝えることができます。

エアコンが故障しました。

コンティアオ	ホアイラ
kōng tiáo	huài le
空调	坏了。
エアコン	故障した

シャワー	テレビ	電気ケトル	トイレ
リンユィ	ディエンシー	ローシュイフ	ツォスオ
lín yù	diàn shì	rè shuǐ hú	cè suǒ
淋浴	电视	热水壶	厕所

10 デパートで買い物をする

149

直美

ウオ　シアン　マイ　イージエン　チェンシャン
wǒ　xiǎng　mǎi　yí jiàn　chèn shān
我　想　买　一件　衬衫。
私　〜したい　買う　一枚　シャツ

「シャツを買いたいです。」

店員

ジョービエン　シー　チェンシャン　ニン　マンマン　ティアオ
zhè biān　shì　chèn shān　nín　màn màn　tiāo
这边　是　衬衫，您　慢慢　挑。
こちら　である　シャツ　あなた　ゆっくり　選ぶ

「シャツはこちらです、ゆっくりお選びください。」

直美

コーイー　シーチョアン　マ
kě yǐ　shì chuān　ma
可以　试穿　吗?
できる　試着する　か

「試着してもいいですか?」

店員

コーイー　ジョービエン　チン
kě yǐ　zhè biān　qǐng
可以，这边　请。
いいです　こちら　どうぞ

「はい、こちらへどうぞ。」

Pick up フレーズ

「シャツを買いたいです。」

ウオ　シアン　マイ　イージエン　チェンシャン
wǒ　xiǎng　mǎi　yí jiàn　chèn shān
我　想　买　一件　衬衫。
私　〜したい　買う　一枚　シャツ

　「**我想买**wǒ xiǎng mǎiウオシアンマイ〜（名詞）」で「〜を買いたいです」となります（98ページ参照）。「**想**xiǎngシアン」より「**要**yàoヤオ（〜したい）」のほうが、強い要求を表します。

入れかえフレーズ

色文字の部分を入れかえて、「〜を買いたいです」という言い方を練習しましょう。

陶磁器を買いたいです。

ウオ	シアン	マイ	タオツーチー
wǒ	xiǎng	mǎi	táo cí qì
我	想	买	陶瓷器。
私	〜したい	買う	陶磁器

ジャスミン茶を買いたいです。

ウオ	シアン	マイ	モーリーホアチャー
wǒ	xiǎng	mǎi	mò lì huā chá
我	想	买	茉莉花茶。
私	〜したい	買う	ジャスミン茶

シルクのものを買いたいです。

ウオ	シアン	マイ	ジェンスーチャンピン
wǒ	xiǎng	mǎi	zhēn sī chǎn pǐn
我	想	买	真丝产品。
私	〜したい	買う	シルク製品

＋プラスα　いっしょに覚えよう

（）
151

中国みやげとして人気のものを紹介します。

チャイナドレス	龍井茶	プーアル茶	月餅（げっぺい）
チーパオ	ロンジンチャー	プーアルチャー	ユエビン
qí páo	lóng jǐng chá	pǔ ěr chá	yuè bǐng
旗袍	龙井茶	普洱茶	月饼

老酒	文房四宝（ぶんぼうしほう）
ラオジウ	ウェンファンスーパオ
lǎo jiǔ	wén fáng sì bǎo
老酒	文房四宝

「文房四宝」は、筆、墨、紙、硯（すずり）などの中国の文人が文房（書斎）で使う文具のことです。

11 観光地で写真を撮る

 152

直美

ジョーリー
zhè lǐ
这里
ここ

コーイー
kě yǐ
可以
できる

パイジャオ
pāi zhào
拍照
撮影する

マ
ma
吗?
か

「ここで写真を撮っても いいですか？」

係員

コーイー
kě yǐ
可以。
できる

ウオ
wǒ
我
私

ゲイニー
gěi nǐ
给你
あなたに

パイ
pāi
拍
撮る

バ
ba
吧。
しよう

「いいですよ。撮ってあげ ましょう。」

直美

シエシエ
xiè xie
谢谢。
ありがとう

マーファン
má fan
麻烦
手数をかける

ニー
nǐ
你
あなた

ラ
le
了。
した

「ありがとうございます。お願いします。」

係員

イー
yī
一,
一

アル
èr
二,
二

サン
sān
三,
三

チエズ
qié zi
茄子!
ナス

「はい、チーズ！」

! Pick up フレーズ

「写真を撮って も いいですか?」

コーイー
kě yǐ
可以
できる

パイジャオ
pāi zhào
拍照
撮影する

マ
ma
吗?
か

「**可以**kě yǐコーイー」は「(許可されて) できる」。「**可以**＋動詞〜 **吗**kě yǐ〜maコーイー〜マ？」は「〜してもいいですか？」という 意味です。「チーズ」は発音が近い「**茄子**qié ziチエズ」と言います。

153

色文字の部分を入れかえて、「〜してもいいですか？」という言い方を練習しましょう。

たばこを吸ってもいいですか？

コーイー	シーイエン	マ
kě yǐ	xī yān	ma
可以	**吸烟**	**吗?**
できる	喫煙する	か

「いいです（できます）」と答える場合は、「**可以**。kě yǐ コーイー」、「だめです（できません）」と答える場合は、「**不行**。bù xíng ブーシン／**不可以**。bù kě yǐ ブーコーイー」です。

試食してもいいですか？

コーイー	チャンチャン	マ
kě yǐ	cháng chang	ma
可以	**尝尝**	**吗?**
できる	ちょっと味見する	か

第5章 場面別フレーズ

＋プラスα　いっしょに覚えよう

154

写真を撮ってもらいたいときのフレーズを紹介します。

すみません、写真を撮っていただけますか？

マーファン	ニー	バン	ウオ	パイ	ジャン	ジャオ	ハオマ
má fan	nǐ	bāng	wǒ	pāi	zhāng	zhào	hǎo ma
麻烦	**你**	**帮**	**我**	**拍**	**张**	**照,**	**好吗?**
手数をかける	あなた	手伝う	私	撮る	枚	写真	よいか

この携帯電話でもう一枚撮ってください。

チン	ヨン	ジョーゴ	ショージー	ザイ	パイ	イージャン
qǐng	yòng	zhè ge	shǒu jī	zài	pāi	yì zhāng
请	**用**	**这个**	**手机**	**再**	**拍**	**一张。**
どうぞ	使う	この	携帯電話	また	撮る	一枚

12 初対面のあいさつ

155

直美

ウオ ジアオ ズオトンジーメイ
wǒ jiào zuǒ téng zhí měi
我 叫 佐藤直美。
私 呼ぶ 佐藤直美

「佐藤直美と言います。」

張

ニーハオ ヘン ガオシン レンシ ニー
nǐ hǎo hěn gāo xìng rèn shi nǐ
你好, 很 高兴 认识 你。
こんにちは とても うれしい 知り合う あなた

「はじめまして、お会いできてうれしいです。」

直美

ニー ヨウ シェンマ アイハオ
nǐ yǒu shén me ài hào
你 有 什么 爱好?
あなた ある 何 趣味

「あなたの趣味は
何ですか?」

張

ウオ シーホアン パーシャン
wǒ xǐ huan pá shān
我 喜欢 爬山。
私 好き 登山

「私は登山が好きです。」

! Pick up フレーズ

「私は 登山 が好きです。」

ウオ シーホアン パーシャン
wǒ xǐ huan pá shān
我 喜欢 爬山。
私 好き 登山

「**我喜欢** wǒ xǐ huan ウオシーホアン〜」は「私は〜が好きです」。
後ろには名詞か「動詞+名詞」のフレーズが続きます。

136

色文字の部分を入れかえて、「私は～が好きです」という言い方を練習しましょう。

私はカラオケが好きです。

ウオ　　シーホアン　　ケイゴー
wǒ　　xǐ huan　　kēi gē

我　喜欢　K 歌。

私　　好き　　カラオケ

私は写真撮影が好きです。

ウオ　　シーホアン　　ショーイン
wǒ　　xǐ huan　　shè yǐng

我　喜欢　摄影。

私　　好き　　撮影する

私は漫画が好きです。

ウオ　　シーホアン　　マンホア
wǒ　　xǐ huan　　màn huà

我　喜欢　漫画。

私　　好き　　漫画

第5章 場面別フレーズ

➕プラスα　いっしょに覚えよう　🔊157

趣味を表す表現を覚えて、会話を広げましょう。

ジョギング	読書	旅行	スキー
パオブー	ドゥシュー	リュイシン	ホアシュエ
pǎo bù	dú shū	lǚ xíng	huá xuě
跑步	读书	旅行	滑雪

ピアノ演奏	料理	映画鑑賞	散歩
タンガンチン	ズオファン	カンディエンイン	サンブー
tān gāng qín	zuò fàn	kàn diàn yǐng	sàn bù
弹钢琴	做饭	看电影	散步

13 電話をする

直美

ニーハオ	ウオ	シー	メイリンシャンショーダ	ズオトン
nǐ hǎo	wǒ	shì	měi líng shāng shè de	zuǒ téng
你好，	**我**	**是**	**美菱商社的**	**佐藤。**
こんにちは	私	である	美菱商社の	佐藤

「こんにちは。美菱商社の佐藤です。」

チンウエン	リーチョンシエンション	ザイマ
qǐng wèn	lǐ chéng xiān sheng	zài ma
请问，	**李诚先生**	**在吗？**
おたずねします	李誠さま	いるか

「李誠さまはいらっしゃいますか？」

事務員

カイホイ	ジョンザイ	リーゾン
lǐ zǒng	zhèng zài	kāi huì
李总	**正在**	**开会。**
李 さん	～している	会議をする

「李は会議中です。」

直美

ナー	チン	ジョアンガオ	ター	イシア
nà	qǐng	zhuǎn gào	tā	yi xià
那	**请**	**转告**	**他**	**一下。**
では	どうぞ	伝言する	彼	ちょっと

「では、彼に
お伝えください。」

> **! Pick up フレーズ**

「彼にお伝え ください。」

チン	ジョアンガオ	ター	イシア
qǐng	zhuǎn gào	tā	yi xià
请	**转告**	**他**	**一下。**
どうぞ	伝言する	彼	ちょっと

「**请**qǐngチン～」は相手に丁寧にお願いする「どうぞ～してくだ
さい」（86ページ参照）という表現です。後に動詞を続けます。

入れかえフレーズ

色文字の部分を入れかえて、「〜してください」という言い方を練習しましょう。

少々お待ちください。

チン	シャオ	ホウ
qǐng	shāo	hòu
请	**稍**	**候。**
どうぞ	少し	待つ

ゆっくり話してください。

チン	マンディアル	シュオ
qǐng	màn diǎnr	shuō
请	**慢点儿**	**说。**
どうぞ	ゆっくり	話す

お願いした件、検討してください。

ウオ	バイトオダ	シー	チン	イエンジウ	イシア
wǒ	bài tuō de	shì	qǐng	yán jiū	yi xià
我	**拜托的**	**事,**	**请**	**研究**	**一下。**
私	頼むの	こと	どうぞ	検討	ちょっと

第5章 場面別フレーズ

➕プラスα いっしょに覚えよう

160

ビジネスの場面で電話をとるときは、「**喂,你好** wéi nǐ hǎo ウェイニーハオ(もしもし、こんにちは)」で答えるのが一般的ですが、ビジネス以外の場面では「**喂** wéi ウェイ」の一言で十分です。また中国でも、ビジネスでは「苗字＋役職」で呼ぶのが一般的で「**王总** wáng zǒng ワンゾン」「**陈总** chén zǒng チェンゾン」のような呼び方をよく耳にします。「**总** zǒng ゾン」は、企業のトップやプロジェクトチームを取りまとめる人のことです。代表的な役職の言い方を紹介します。

主任	**課長**	**部長**	**社長**
ジューレン	コージャン	チュージャン	ゾンジンリー
zhǔ rèn	kē zhǎng	chù zhǎng	zǒng jīng lǐ
主任	**科长**	**处长**	**总经理**

14 友人とのやりとり

161

直美

ニー	ジョウモー	イーバン	ズオ	シェンマ
nǐ	zhōu mò	yì bān	zuò	shén me
你	周末	一般	做	什么?
あなた	週末	普段	する	なに

「週末はいつも何をしているの？」

王

ウオ	メイジョウ	ダー	ワンチュー
wǒ	měi zhōu	dǎ	wǎng qiú
我	每周	打	网球。
私	毎週	プレーする	テニスボール

「毎週テニスをしているよ。」

直美

ウオ	イエ	シーホアン	ダー	ワンチュー
wǒ	yě	xǐ huan	dǎ	wǎng qiú
我	也	喜欢	打	网球。
私	も	好き	プレーする	テニスボール

「私もテニスは好きだよ。」

王

ナー	ヨウ	ジーホイ	イーチー	チュィ	バ
nà	yǒu	jī huì	yì qǐ	qù	ba
那	有	机会	一起	去	吧。
では	ある	機会	一緒に	行く	しよう

「じゃあ、今度一緒に行こう。」

! Pick up フレーズ

「一緒に 行 こう。」

イーチー	チュィ	バ
yì qǐ	qù	ba
一起	去	吧。
一緒に	行く	しよう

「**一起**yì qǐ イーチー＋動詞＋**吧**ba バ」は「一緒に～しよう」。前に「**有机会**yǒu jī huì ヨウジーホイ（機会があったら）」を加えると「今度（機会があったら）一緒に行こう」となります。

入れかえフレーズ

　色文字の部分を入れかえて、「一緒に〜しよう」という言い方を練習しましょう。

一緒に買い物に行こう。

イーチー	チュィゴウウー	バ
yì qǐ	qù gòu wù	ba
一起	去购物	吧。
一緒に	買い物に行く	しよう

> 「**去** qù チュイ＋動詞」は、「〜しに行く」という意味で、「**去** qù チュイ」の後の動詞は、「**去** qù チュイ」の目的になります。

一緒に映画を見よう。

イーチー	カンディエンイン	バ
yì qǐ	kàn diàn yǐng	ba
一起	看电影	吧。
一緒に	映画を見る	しよう

一緒にごはんを食べよう。

イーチー	チーファン	バ
yì qǐ	chī fàn	ba
一起	吃饭	吧。
一緒に	ご飯を食べる	しよう

＋プラスα　いっしょに覚えよう　🔊 163

　相手の話に共感すると、会話が盛り上がりやすいです。また、相手に質問するとキャッチボールができて会話が続きます。次の表現を覚えて、積極的に使いましょう。

私もそうです。（否定的な意見に賛同する表現としても使える）

ウオ	イエ	シー
wǒ	yě	shì
我	也	是。

あなたは？（自分のことを話した後、相手のことを聞きたいときに使える）

ニー	ナ
nǐ	ne
你	呢?

音節表　子音と母音の組み合わせ一覧表

	単母音							複合母音												
	a	o	e	i	u	ü	er	ai	ei	ao	ou	ia	ie	ua	uo	üe	iao	i(o)u	uai	u(e)i
	ア a	オ o	オ e	イ yi	ウ wu	ユィ yu	アル er	アイ ai	エイ ei	アオ ao	オウ ou	ヤ ya	イエ ye	ワ wa	ウオ wo	ユエ yue	ヤオ yao	ヨウ you	ワイ wai	ウェイ wei
b	バ ba	ボ bo		ビ bi	ブ bu			バイ bai	ベイ bei	バオ bao			ビエ bie				ビアオ biao			
p	パ pa	ポ po		ピ pi	プ pu			パイ pai	ペイ pei	パオ pao	ポウ pou		ピエ pie				ピアオ piao			
m	マ ma	モ mo	マ me	ミ mi	ム mu			マイ mai	メイ mei	マオ mao	モウ mou		ミエ mie				ミアオ miao	ミウ miu		
f	ファ fa	フォ fo			フ fu				フェイ fei		フォウ fou									
d	ダ da		ダ de	ティ di	ドゥ du			ダイ dai	デイ dei	ダオ dao	ドウ dou	ティア dia	ティエ die		ドゥオ duo		ティアオ diao	ティウ diu		ドゥイ dui
t	タ ta		ト te	ティ ti	トゥ tu			タイ tai		タオ tao	トウ tou		ティエ tie		トゥオ tuo		ティアオ tiao			トゥイ tui
n	ナ na		ナ ne	ニ ni	ヌ nu	ニュィ nü		ナイ nai	ネイ nei	ナオ nao	ノウ nou		ニエ nie		ヌオ nuo	ニュエ nüe	ニアオ niao	ニウ niu		
l	ラ la	ロ lo	ラ le	リ li	ル lu	リュィ lü		ライ lai	レイ lei	ラオ lao	ロウ lou	リア lia	リエ lie		ルオ luo	リュエ lüe	リアオ liao	リウ liu		
g	ガ ga		ゴ ge		グ gu			ガイ gai	ゲイ gei	ガオ gao	ゴウ gou			グア gua	グオ guo				グアイ guai	グイ gui
k	カ ka		コ ke		ク ku			カイ kai	ケイ kei	カオ kao	コウ kou			クア kua	クオ kuo				クアイ kuai	クイ kui
h	ハ ha		ホ he		フ hu			ハイ hai	ヘイ hei	ハオ hao	ホウ hou			ホア hua	ホオ huo				ホアイ huai	ホイ hui
j				ジ ji		ジュィ ju						ジア jia	ジエ jie			ジュエ jue	ジアオ jiao	ジウ jiu		
q				チ qi		チュィ qu						チア qia	チエ qie			チュエ que	チアオ qiao	チウ qiu		
x				シ xi		シュィ xu						シア xia	シエ xie			シュエ xue	シアオ xiao	シウ xiu		
zh	ジャ zha		ジョ zhe	ジ zhi	ジュ zhu			ジャイ zhai	ジェイ zhei	ジャオ zhao	ジョウ zhou			ジュア zhua	ジュオ zhuo				ジョアイ zhuai	ジュイ zhui
ch	チャ cha		チョ che	チ chi	チュ chu			チャイ chai		チャオ chao	チョウ chou			チュア chua	チュオ chuo				チョアイ chuai	チュイ chui
sh	シャ sha		ショ she	シ shi	シュ shu			シャイ shai	シェイ shei	シャオ shao	ショウ shou			シュア shua	シュオ shuo				ショアイ shuai	シュイ shui
r			ロ re	リ ri	ル ru					ラオ rao	ロウ rou			ルア rua	ルオ ruo					ルイ rui
z	ザァ za		ソ ze	ズ zi	ズ zu			ザイ zai	ゼイ zei	ザオ zao	ゾウ zou				ゾオ zuo					ズイ zui
c	ツァ ca		ツォ ce	ツ ci	ツ cu			ツァイ cai		ツァオ cao	ツォウ cou				ツオ cuo					ツォイ cui
s	サ sa		ソ se	シ si	ス su			サイ sai		サオ sao	ソウ sou				スオ suo					スイ sui

※音声データではグレーの部分を読んでいます。子音の「唇音」はo、「舌尖音は」e、「舌根音」はe、「舌面音」はi、「そり舌音」はi、「舌歯音」はiをつけて読んでいます。

※カタカナはあくまでも参考です。本文の中国語のカタカナはできるだけもとの音に近づけてふっていますが、中国語の発音は音声をよく聞いて練習してください。

鼻母音

an	ang	en	eng	in	ing	ian	iang	uan	uang	u(e)n	ueng	üan	ün	ong	iong	子音	
アン an	アン ang	エン en	オン eng	イン yin	イン ying	イエン yan	ヤン yang	ワン wan	ワン wang	ウェン wen	ウォン weng	ユエン yuan	ユィン yun	オン ong	ヨン yong		
バン ban	バン bang	ベン ben	ボン beng	ピン bin	ピン bing	ビエン bian										b	子音（唇音）
パン pan	パン pang	ペン pen	ポン peng	ピン pin	ピン ping	ピエン pian										p	
マン man	マン mang	メン men	モン meng	ミン min	ミン ming	ミエン mian										m	
ファン fan	ファン fang	フェン fen	フォン feng													f	
ダン dan	ダン dang	テン den	ドン deng		ティン ding	ティエン dian		ドゥアン duan		ドゥン dun				ドン dong		d	（舌尖音）
タン tan	タン tang		トン teng		ティン ting	ティエン tian		トゥアン tuan		トゥン tun				トン tong		t	
ナン nan	ナン nang	ネン nen	ノン neng	ニン nin	ニン ning	ニエン nian	ニアン niang	ヌアン nuan		ヌン nun				ノン nong		n	
ラン lan	ラン lang		ロン leng	リン lin	リン ling	リエン lian	リアン liang	ルアン luan		ルン lun				ロン long		l	
ガン gan	ガン gang	ゲン gen	ゴン geng					グアン guan	グアン guang	グン gun				ゴン gong		g	（舌根音）
カン kan	カン kang	ケン ken	コン keng					クアン kuan	クアン kuang	クン kun				コン kong		k	
ハン han	ハン hang	ヘン hen	ホン heng					ホアン huan	ホアン huang	フン hun				ホン hong		h	
				ジン jin	ジン jing	ジエン jian	ジアン jiang					ジュアン juan	ジュン jun		ジオン jiong	j	（舌面音）
				チン qin	チン qing	チエン qian	チアン qiang					チュアン quan	チュン qun		チオン qiong	q	
				シン xin	シン xing	シエン xian	シアン xiang					シュアン xuan	シュン xun		シオン xiong	x	
ジャン zhan	ジャン zhang	ジェン zhen	ジョン zheng					ジョアン zhuan	ジュアン zhuang	ジュン zhun				ジョン zhong		zh	（そり舌音）
チャン chan	チャン chang	チェン chen	チョン cheng					チョアン chuan	チュアン chuang	チュン chun				チョン chong		ch	
シャン shan	シャン shang	シェン shen	ション sheng					ショアン shuan	シュアン shuang	シュン shun						sh	
ラン ran	ラン rang	レン ren	ロン reng					ルアン ruan		ルン run				ロン rong		r	
ザン zan	ザン zang	ゼン zen	ゾン zeng					ズアン zuan		ズン zun				ゾン zong		z	（舌歯音）
ツァン can	ツァン cang	ツェン cen	ツォン ceng					ツアン cuan		ツゥン cun				ツォン cong		c	
サン san	サン sang	セン sen	ソン seng					スアン suan		スン sun				ソン song		s	

著者

王 婷婷
おう ていてい

中国ハルビン市生まれ。現役の会議通訳者。サイマル・アカデ
ミー中国語通訳者養成コースで講師を務め、NHK国際放送局で
翻訳とナレーションにも携わる。主な著書に『基本がわかる は
じめての中国語』（成美堂出版）、『オールカラー超入門！ 書い
て覚える中国語ドリル』（ナツメ社）などがある。

本文デザイン	中務慈子
カバーデザイン	白畠かおり
イラスト	おおうちひなこ
編集協力	株式会社キャデック
中国語校正	韓 香美 かん こう み
中国語ナレーション	李 焱、任 暁剛 り いぇん にん ぎょうこう
日本語ナレーション	渡部紗弓
録音	ユニバ合同会社

ゼロからレッスン
中国語超入門ブック

2023年4月10日 第1刷発行

著者	王 婷婷
発行者	永岡純一
発行所	株式会社永岡書店
	〒176-8518　東京都練馬区豊玉上1-7-14
	代表　03 (3992) 5155
	編集　03 (3992) 7191
DTP	明昌堂
印刷	精文堂印刷
製本	ヤマナカ製本

ISBN978-4-522-44010-0 C2087